U0135853

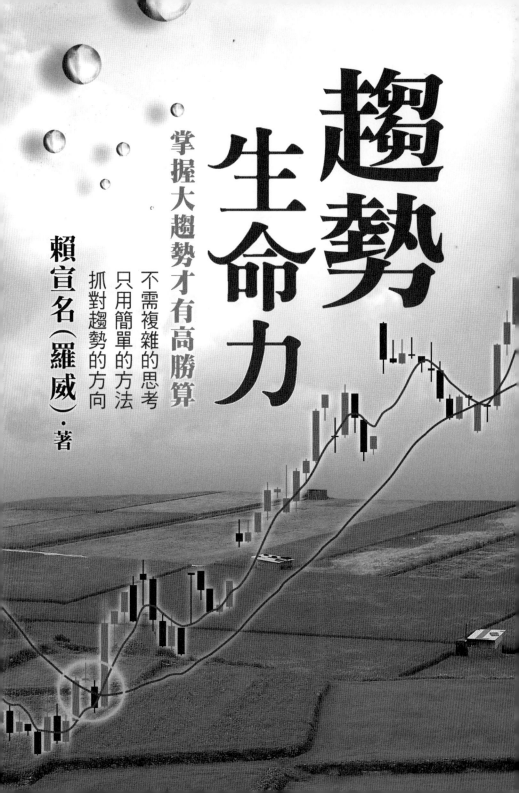

趨勢生命力

掌握大趨勢才有高勝算

不需複雜的思考
只用簡單的方法
抓對趨勢的方向

賴宣名（羅威）・著

推薦序-林玖龍

做個有自信的投資人

　　您不理財，財不理你；正確的投資觀念可以引導你進入獲利的捷徑，可以讓你避免辛苦或痛苦數十年，投資股票更是如此，不管你用何種方法，請切記一定要先投資自己，最少讓自己先懂得股票該如何操作。不要一開始就投資別人，加入投顧聽明牌，結果卻是花錢結束自己的學習之路，苦壯了別人！等到你的資產被重分配了，「瘦」了一大圈回來，整天想著「All money pay me home」的投資方式，怎麼可能投資致富呢？

　　在股票市場，常聽一些人說股票賺錢好簡單，今天賺了多少又多少，讓人心裡開始癢癢地，事實上，在股票的世界裡，報喜不報憂的大有人在，往往賠了一缸子不說，賺了幾塊錢卻可吹噓老半天。說真的，股票操作很簡單，也不太簡單；很複雜，又不太複雜；需要知道正確的觀念，至少一年以上的基本分析整合，及半年以上的技術分析演練，先小買累積小勝，找到方法再大買取得大勝。

　　所謂「觀念影響行動，行動支配操作」，觀念是否正確，勝負早已決定。投資的錯誤和虧損，經常源自投資人的觀念混淆不清；盲目追求不可靠的訊息，只會增加自己痛苦的負擔與苦果。全民投資不是口號，更應該是一種行動，商場如戰場，看不準就不投資，不了解或沒把握就不隨意出手，我們想要比別人賺更多，就要比別

人更認真，不是嗎？

　　股票是可以賺錢的地方，端看你如何經營。未贏先要想，輸的時候怎麼辦？未賺先要想，賠的時候該如何？投資要先投資自己，讓自己充滿信心，做個有自信的投資人。沒有不漲的股票，只是你挑的價位和時間是否吻合，輸家是在任何地方尋找失敗的藉口，贏家則是在任何時點都在找尋成功的機會。買股票很簡單，為什麼要買？說個理由來，從此就不會步履闌珊了。

　　這十幾年來，我的學生羅威跟我學習股票操作，經過經驗的累積和實務的操作之後，總能將複雜的技術簡化為簡單的觀念和技巧，這是他過人之處。看過他的第一本著作《活出股市生命力》之後，對他期勉有加，今天他又再度收集文稿，出版《趨勢生命力》，令人期待。羅威是一個用心操作、用心寫作的作者，用簡單的觀念，說明了趨勢操作的方向和重點。

　　想超越自己，想突破自己，想在這領域少奮鬥數十年的投資朋友，這真的是一本值得推薦給您、必讀的好書。

股市名師　**林玖龍**

長海出版社　　　　　　社長兼發行人
北將國際理財顧問公司　董事長
南開技術學院　　　　　財金系

自序

股市有風險，投資須謹慎

　　這本書是我的第二本著作，我把它定位在給初入股市不久，對股市有一點點了解又不是很了解的人看的，應該說，它只是認識股票趨勢的入門書籍，對於技術分析有點基礎的朋友來說，這本書的道理相當淺顯，大概看過標題你就知道內容了。

　　從77年開始投入股市交易，當時加權指數六千多點，經過了廿年，股價仍然是六千多點，但是這期間卻有三次上萬點、兩次回到三千點（正確的數字是2485和3411），這中間的起伏相當大，事後回想那兩次崩跌，當下的恐懼和恐慌真是讓人不勝唏噓，很多人的財富在股市中被重分配了，人生變成黑白的！

　　一定要有萬點的崩跌才會使人散盡家產嗎？非也！這本書交稿的時候，正逢股市自馬英九總統就職的9309點跌到九月的6173點，這樣三千點的大跌已經引發好幾次的融資斷頭，很多人的財富因此縮水一半或者更多！所以，身為一般投資人的你我，必須特別留意空頭市場，我們必須要有一種簡單的方法來判斷股市的多空方向，讓我們在多頭來臨時，能夠勇敢入市；當空頭來臨時，能夠及早退出市場，不要讓空頭吞噬了好不容易得來的財富。

　　股票是一個相當專業且深不可測的市場，但很多人竟連多空方向都搞不清楚就開始交易，很顯然的，這些初生之犢總是入了虎口居多！本書的宗旨不在於解釋股票的運作，也不準備提供任何操作

建議，更不是什麼聖杯或者神奇的交易系統，純粹是個人對於股市多空市場的體會，用簡單的方法提供初學者一個認識趨勢的入門，方便讀者做進一步的研究。

K線圖本身並沒有神奇的功能，它只是交易上的歷史紀錄，透過圖形的方式，記錄歷史的交易資料。但很妙的是，這些圖形總是一而再、再而三的重複出現，而技術分析的目的，就是想要掌握這些圖形重複出現的交易契機。因此，沒事多看圖，看看成功的圖形，看看失敗的圖形，然後把它們深深印在腦海中，當圖形重複出現的時候，希望你會有看到老朋友般熟悉又親切的感覺。

股市有風險，投資須謹慎，股市操作要如何趨吉避凶？唯有掌握正確的趨勢才有高的勝算。所以，不管你是新手還是老手，如果你已經翻閱了本書且不嫌棄的話，請你把本書看完，聽聽股票圖表述說它們的故事，藉著研究過去的歷史，提升現在和未來處理交易的能力，或許你會突然有靈光一閃的感覺，而這就是我最大的期望。

本書的編成，要特別感謝過去曾經教導過我的林玖龍老師、吳天池老師、莊清霖老師、曾啟倫老師及黃肇基老師……等多位老師的教導，和眾多網友給我的動力。也要特別感謝我的家人給我精神上的支持和鼓勵。

本書雖然經過長時間的編寫，但疏漏之處仍然難免，還望股市先進能多予指教，以便若有再版能做增修。

目錄

第 1 篇　觀念篇

第2篇　技術篇

第3篇　實戰篇

觀念篇

趨勢生命力

―避開大跌與地雷股

―掌握大漲與飆漲股

股價波動之中隱藏著豐富的財富，在合理中有賺錢的機會，在不合理中也有賺錢的機會，只有定性夠的人才能運用這種波動的規律來積聚財富。

汽車教練場

如果你是在駕訓班學開車，要先接受教練所教的死背公式，如果是原地考照，就還要熟練原場地的環境，到哪裡該左轉或右轉幾圈、哪裡該回幾圈，以及前進、後退、上坡起步、紅燈停車、倒車入庫、加速行駛……等等。但這樣就真的能上路了嗎？

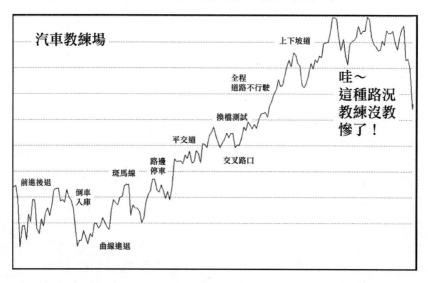

■ 學技術要會活用才是技術

開車的基本動作並不多，樣樣的方式練習好之後，也不需要特別去記那些公式，開車就會成為自然的反應了。

當你練好這些基本技巧要真正上路了，記得，駕訓班教的也只能作參考而已，面對外面變化的道路要會對應，因為路上已經沒有教練場的特殊記號，沒有什麼左轉半圈、看到檳榔汁右轉一圈的暗號，上路後的技巧就只能靠平常經驗的累積，面對複雜的路況要自己加以應變。

有句台灣話：「有樣學樣，無樣自己想」，股市的變化多端，就像開車上路也會碰到很多狀況，必須隨時停、聽、看。交通打結你猛按喇叭有用嗎？不如先停下來，安心等待狀況解除再上路；在股市，你也會碰到盤整或看不懂的時候，看不懂就不要作嘛，看懂後再作就好啦！

■ 基本動作會了，什麼狀況都要能應付

我在寫稿的時候，大多以加權指數或台指期貨的K線舉例，常常會碰到同修問這樣的問題：「我沒有作台指，這些方法適合股票嗎？」我通常會回答，這些通則就有如我們在汽車教練場學開車，你會不會問教練，這些技術到了路上有用嗎？或者，這些技術開別款車有用嗎？

摩根指數和加權指數是台股中最大的股票，參與的人最多、成交量也最大，它的走勢可以當作範例，各種技巧都蘊藏其中，股價的來龍去脈，用大盤來看最清楚，台指期貨則是附屬在加權指數

之下的可交易商品，這就是我常舉加權指數和台指期貨當案例的原因。

那麼，技術方法是否適用於個股呢？我的看法是，成交量夠大的股票都可以適用，成交量太小的就容易成為人為意志的操弄，失真的情況會比較多，使用上會打點折扣。

雖然如此，股票技術的通則仍然是存在的，比如說K線、量價關係、均線、指標……等等的買賣訊號，大多會有些準度；走多的型態、走空的型態、頭部、底部、中段整理……等等，也都可以在各種有K線的商品中找到。

這些就有如教練場的倒車入庫、路邊停車、上坡起步、加速……等技巧，只要懂了這些通則，要在股市中避凶趨吉應該是不困難的。

■ 如何平安上路、安全回家

其實，開車就是要先有車，在股市要投資或投機則是要先有資金，而且最好是自有資金；開車前要先了解車內的機械，如油門、煞車、安全帶、方向燈、變速桿……等等，如同你的資金配置，你準備用多少資金投入股市呢？如何控管你的資金呢？

其次，要熟悉交通規則和駕駛技術，也就是教練場內教的東西，就有如股市的交易規則和你操作所需的技術，這些務必要熟悉，違反規則是要罰款的。

第三，要熟悉路況，且上車後除了注意對向來車之外，還要留意側方突然跑出來的車輛及後面是否有不正常的車況，你也要防止

因為別人的疏忽而導致的車禍。股市操作要選擇你最容易辨識的型態和最熟悉的技術面，萬一錯了就要立刻處置。

　　投資如開車，這三者合一才能讓你快樂上路、平安回家。

■ 循序慢進　保平安最重要

　　別以為有了車及駕照就能在馬路上隨意奔馳，新手練習開車最好找比較沒有人煙的郊區道路，先把基本的踩油門、煞車、路邊停車等基本動作練好，因為教練場是標準設備，沒有會車和超車的狀況，所以要從少車少人的地方練習再開進市區；如果連煞車和啟動都還不順手，就貿然進入市區或鬧區，就算你後面掛著「新手上路，請多包涵」，來往的車輛也肯定把你嚇得滿頭大汗。

　　這也代表剛開始你只要買賣一檔股票就好，先作少量的買賣，熟悉後再慢慢加大投資金額。請記住，股市的新手往往是待宰的羔羊，當羔羊可以，但是千萬不要一開始就當肥羊！

　　最後，我想要提醒你的是「十次車禍九次快！」，投資是急不得的，以股票來說，現股買賣的風險小於融資買進，不要認為融資賺得快，在現股買賣尚未穩定賺錢之前，不要想擴大信用去作融資操作，那只會讓你輸得更快！

　　另外，如果股票都贏不了，就千萬不要想去操作期貨、選擇權或個股的權證，這種高槓桿商品幾乎集合了全世界的交易精英，裡面都是優秀且頂尖的賽車選手，想和那些人軋車，可要先掂掂自己的斤兩。

　　總之，學習開車技術只是為了出門方便，保平安最重要；投資是為了理財，資金安全最重要。

趨勢生命力

潘朵拉的盒子

　　潘朵拉是宙斯創造的第一個人類女人，她被創造之後，就在宙斯的安排下，送給了伊皮米修斯，在他們舉行婚禮時，宙斯命令眾神各將一份禮物放在一個盒子裡，送給潘朵拉，裡面包含了幸福、瘟疫、憂傷、友情、災禍、愛情……等等。

　　潘朵拉結婚以後就不斷地想打開眾神送的小盒子，而伊皮米修斯卻要時時刻刻提防她的好奇心，因為他知道盒子裡的禮物未必都是好的。

■ 潘朵拉蓋下盒子　只留下希望

　　有一天，潘朵拉的好奇心戰勝了一切。她等伊皮米修斯出門後，就打開了盒子，結果一團煙衝了出來，各種禮物包括幸福、瘟疫、憂傷、友情、災禍、愛情……立即失去控制飛向全世界，等她驚慌地急忙蓋上蓋子時，只來得及封住一樣叫作「希望」的東西。

　　至今，它一直是人類生活動力的來源，因為它帶給人類無窮的「希望」，不管遭遇何種困境，它是人類一切不幸中的唯一安慰。

　　以上是西洋童話故事中「潘朵拉的盒子」的大概內容。

　　股市就好比這一個潘朵拉的盒子，有很多人把買賣股票視為禁忌，當你一不小心踏入股市，你會覺得全身充滿希望和夢想，一旦在裡面待久了，你又會覺得潘朵拉的盒子裡除了希望之外，還有恐懼、貪婪和快樂。

■ 股票沒有穩贏的

學開車是為了將來可以在路上駕駛，學習技術分析則是為了提高成為股市贏家的機會，但有了駕照不保證不會出車禍，相同的學了技術分析也並不保證就能因此成為股市贏家，何況，若技術分析毫無缺失，很多投資人早就發財了。

有人學了技術之後在股市仍然虧錢，就怪起教他技術的老師，我很好奇，你在路上開車出了車禍，會不會怪你的駕駛教練？出了車禍是誰的錯？教練？汽車廠？還是旁邊的乘客？都不是，是身為駕駛的你啊！

出車禍不能怪別人，投資失利也不能怪別人，因為這都是你自己的事。這也正好提醒投資人，不要自恃學了一招半式就貿然進場，懂得看清盲點、避開陷阱，更是散戶必修的學分。

投資要賺錢，眼光獨到最為重要，能夠洞察機先，在市場還沒上漲時就提前進場卡位，是投資致勝的關鍵；然而，在混沌不清的金融市場，能明察秋毫並不是件容易的事。要擁有比一般投資人更高的投資報酬率，關鍵在於擁有比一般投資人更前瞻的投資思維。

股市走走停停，它是很有節奏的舞曲，人在股市，強者未必得勝，捷足未必先登，抓住趨動波且順勢操作才是贏家。

趨勢生命力

想成為贏家，其實很簡單的

常常聽人這樣說：**股市沒有專家，只有贏家和輸家。**其實更貼切的一句話是：**不賭不會輸。**

贏家的定義為何？其實是一種主觀的自由心證。

在股市裡，怎樣算是贏家？贏很多錢才算贏家嗎？那麼要多少錢才算是很多錢？羅威說，如果以金錢來衡量贏家，那只要你有贏錢就是贏家，因為錢進股市，不輸就很難了，哪怕只贏一塊錢，也已經贏80%的輸家了。

以這樣的定義，要成為贏家其實就很簡單了，只要不進出，或者減少進出次數，沒有把握不進場就夠了，不是嗎？

也許你不相信，在期貨競賽中，你入金15萬（這是競賽的最低入金金額），經過三個月，你都沒有進出，也就是說，三個月後你的戶頭仍然是15萬，排名居然可以排在前面30%！如果你有進出，且帳戶餘額多了1000元，排名就可以擠進前面20%之內！這代表，只要不進出就能輕易贏80%的輸家；但是要成為真正的贏家，必須有進出並且有獲利才行。

不信嗎？你可以到辦過比賽的券商或期貨公司查查看，是否如此？

只要一個大回檔，像這波2008年520之後從9309跌到10月初指數只剩5600點，下殺3700點，如果你能夠在9000點之上退出保留你的現金，不做進出，在大跌的股市中，你就已經輕易的打敗輸家了。

■ 贏家是什麼？

世界首富巴菲特的年報酬率只有25%左右，有人對此報酬率嗤之以鼻，認為25%算什麼，輕易就有了！很可惜，說這種大話的人，其報酬率最後往往是負的居多。

台股每十年就有一個多空大輪迴，什麼是贏家？有人說過了十年還沒消失在市場的就是贏家，但羅威認為，在股市十年還沒畢業的，頂多贏到經驗，未必就是贏家，**贏家是能夠隨時保有現金的人，下跌之後能有充分的現金，可以在行情再次啟動時進場的人，才是贏家。**當你金盆洗手時，還能帶現金離開股市，才是贏家。

所以，不要以為你一個波段賺很多就很了不起，一副登泰山而小天下的氣概，自以為是神，看不起別人。一個大回檔後，你手中的現金是多了還是少了？當你退出股市時，你能帶走多少？這才是股市生存的重點。

當然，就理財來說，笨笨地存錢並不笨，存錢總比在股市賠錢好，所以不輸的方法只要不賭就可以了，但不進出就失去了投資和投機的樂趣，也無法讓資金快速膨脹。要成為贏家，還是要勤於充實學識和技能，做好資金控管，看得懂、有把握才出手，看不懂、沒把握寧願休息，賺進銀子才能成為真正的贏家。

檢視一下，你是贏家嗎？

趨勢生命力

何時是投資的好時機？

　　光存錢是很難致富的。松下幸之助說：「一個人會有錢，最基本的就是他『愛錢』。」經濟大師凱因斯說：「我自己一向奉行的投資準則，那就是：**專攻幾種熟悉的股票及投資工具，然後深入研究、掌握及時資訊，再來就可以等它為你帶來高額的獲利了。**」

　　在追求財富的過程裡，每個人都必須經歷儲蓄和投資。有工作才有收入，節儉才有儲蓄，而儲蓄才有投資。財務操作就是要把獲利最佳化，最好的投資方式就是分散投資，亦即**用盡各種策略，從眾多投資方案中找到最佳的組合**。包括購買土地、購屋、定存、公債、外匯、基金、保險、股票、及衍生性商品的期貨、選擇權……等等，都是財務操作的標的，這些方式有很多操作模型和資產配置的問題，整個理財的範圍相當廣泛。

　　下面這張圖是依據通貨膨脹的數據，所做的投資規劃圖：

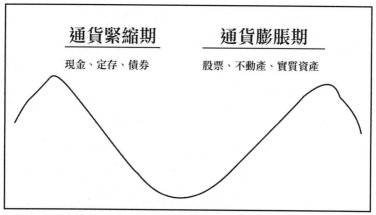

有沒有感覺這張圖的曲線在跟你微笑？

造成通貨膨脹及通貨緊縮的原因和數據為何？這是屬於經濟學的範疇，有興趣的朋友可以參考相關書籍或網頁，中央銀行也有充分的對抗通貨經驗，我們大可相信他，本書僅就通貨緊縮和通貨膨脹時，散戶有什麼標的可以投資做解說。

■ 通貨緊縮　現金最大

通貨緊縮，指市場上流通的貨幣減少，人民的貨幣所得減少，購買力下降，導致物價下跌，造成通貨緊縮。長期的貨幣緊縮會抑制投資與生產，導致失業率升高及經濟衰退。這時期可以理財的標的包括現金、定存和債券，理財目的在減少消費理財，重點在保本。

如果你有一筆暫時用不著的閒置資金，無形中損失的利益也是一筆財富，因此不該任其擱置，應善加利用它來獲利，並把持「現金最大」（Cash is King）的原則，選擇較短天期的定存，搭配債券型基金或貨幣市場基金；手頭上有閒錢的投資人，則可以考慮投資強勢貨幣。

■ 通貨膨脹　股票和不動產是好標的

通貨膨脹，代表太少的商品，過多的貨幣。如果商品的需求增加但供應不變，大家就可能會願意用比較高的價格搶購商品，因而造成物價上揚的現象，如2008年原油、小麥、玉米飆漲所造成的全球通膨問題。

過去能買到一分貨的錢，現在卻只能買到半分貨，也就是物價

趨勢生命力

變貴了！則消費者的損失可就大了。聰明的消費者一定會說，通貨膨脹了！錢不值錢了！

但是也因為通貨膨脹，財富才會大風吹，多數的錢幣追逐少量的商品，這時定存、公債反而不值錢，因為通貨膨脹會吃掉這些有限的利息，股票和不動產才是好的投資標的。

據老前輩的說法，股票通常領先景氣半年反應，亦即當股票開始走揚，半年後就能看到景氣回升，說穿了，也就是市場資金開始大量的進入股市，讓股市水漲船高罷了。敢於領先景氣進入股市的資金就被稱作**聰明的資金**，不是這些資金聰明，而是這些資金的持有人聰明，他們會往最有利的方向去投資。

我等散戶無法領先市場發現股市的低點和高點，但是我們可以藉由市場價格的變動發現趨勢，然後跟隨。我想這才是我們要努力的地方。

紅心在哪裡？

股市投資如同江湖行走，除了身懷絕技之外，還要有內功作為基礎。不少投資者遍尋炒股絕招，也把經典投資理論背得滾瓜爛熟，卻依然無法在實戰中戰勝市場，主要就是因為英雄底氣不足。要做股市英雄，需有足夠的膽氣、意識的培養，更重要的是要具備一個簡單的大局觀。

股票操作講的是順勢而為，那麼，什麼是「勢」呢？所謂的勢大概都是指趨勢而言，但最大的趨勢就是「景氣」，也就是大家

手上都有錢，想要買股票的時候，當然你還可以根據很多資訊，例如：國民所得、進出口數據、GMP、貨幣供給額、景氣對策訊號……等等，藉以判斷景氣來了沒有，可使用的工具非常廣泛，上面所提通膨和通縮的投資標的只是其一。

■ 量來了　機會也來了

股價，不只是遙望未知的前程，更要以已知的成績與規模，說服股東投入寶貴的資金。就股票買賣技術而言，最重要的是，大盤的量來了沒有？量有沒有持續上揚？價有沒有持續上漲？如果有，就可以確定大咖手中的聰明資金因為公司的某一些理由進場了，而既然聰明的資金都進場了，聰明的散戶就跟上吧！

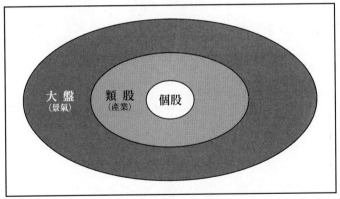

上面這張圖，我畫了三個圈圈，由外而內是大盤、類股、個股，大盤代表的是景氣、類股則代表產業。在景氣、產業不好的時候，你能夠命中的紅心只有「個股」這一個小圈圈，股票操作的困難度超高；但產業好轉以後，紅心會擴大到包括產業這一個圈圈，只要買進產業好轉類股中的個股，就有很大的機率可以命中紅心。

趨勢生命力

　　當景氣好轉，大盤也走多頭的時候，因為整體的產業都好轉，就算沒有好轉的也會沾到景氣好轉的光，這時買股票會上漲的機率就特別高，整個大圓圈都是可以得分的紅心，只要能射到這塊板子都可以獲利。

　　也就是說，當大盤在走多頭的時候，是最好操作的一段，只要你敢投資，都會有不錯的利潤，當然，如果你射中的是景氣大圓圈之外的空白部分，只能說是你選股太差、運氣又背，才會只有你的股票不漲，這時也只好自認倒楣了。

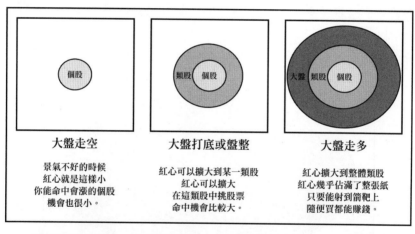

大盤走空
景氣不好的時候
紅心就是這樣小
你能命中會漲的個股
機會也很小。

大盤打底或盤整
紅心可以擴大到某一類股
紅心可以擴大
在這類股中挑股票
命中機會比較大。

大盤走多
紅心擴大到整體類股
紅心幾乎佔滿了整張紙
只要能射到箭靶上
隨便買都能賺錢。

　　這裡有三個靶，分別是小紅心、中紅心、大紅心，也就是把上面的觀念做成這三個靶。就像打靶，如果圓心擴大到很大，要打滿靶就很簡單了，因此，我們只要等圓圈擴大之後再射擊，不就成了嗎？

　　射中靶內有顏色的部份，得分都一樣，都可獲利，如果要你來射擊，請問你會選擇哪一個靶？左邊？中間？右邊？我想大家都會選擇右邊紅心最大的那一個吧！

投資要輕鬆獲利，重要的是要在大環境好的時候投資，並挑強勢類股中的龍頭股和最高價的股票買進。雖然龍頭未必漲幅最大，但總不會落後太多；最高價的股票之所以能夠維持最高價，也總是有特別的原因。股票操作沒有什麼大學問，說真的，等待整體的趨勢好轉，只要了解產業動向，投資就會變得很輕鬆。

了解這個道理之後，你知道何時才是你的進場時機及該如何選股了嗎？

守株待兔的啟示

我有朋友在一家規模不小的公司上班，他用閒錢買賣股票，賺了些錢，樂不可支，行情好的時候天天都可以聽他喊「YA！今天賺了x萬又x萬」、「如果我能看盤一定賺更多！」，有同事告訴他「股票錢那麼好賺，那你還上班幹啥？把工作辭了專心作股票就好啦！不用幾年就可以成為富翁了！」

他也因為股市確實好賺，嫌工作太苦又領不了多少錢，上班偷看行情還會被主管罵，所以真的辭去工作專心作股票！

後來他輸光了，神情落寞的找我談，希望我能指導他股票投資的秘訣。

兔子不會天天出現

我告訴他大家都知道的「守株待兔」的故事，他聽完後若有所思，不發一語。

趨勢生命力

我問他：「農夫為何會抓到兔子？」

他說：「因為兔子撞到樹頭，撞死了。」

我又問：「農夫為何會天天守在樹下等兔子？」

他說：「因為他撿過一隻兔子，有兔肉可以吃，又有兔皮可以賣，以為可以不勞而獲。」

我再問：「農夫會放棄耕作，天天守在樹下等兔子，是因為他相信田裡的兔子有很多，可是，就再沒有兔子來撞這棵樹了，對不對？」

接著我又問：「農夫的本業是耕田，那麼，抓到撞死在樹旁的兔子算什麼？」

「意外撿到的！」

農夫放下本業專注於意外的收穫，把意外的收穫當本業，這不是本末倒置嗎？

我再告訴他：「其實農夫可以不必這麼笨笨地守株待兔，他可以本業和副業兼顧，他仍然認真地耕作，然後只要利用工作之餘，**在田邊周圍做幾個捕兔子的陷阱，然後每次巡視田園的時候，順便看看陷阱裡面有沒有兔子**，有就抓回去加菜、做兔皮。我相信多少會抓到幾隻兔子，同時本業的稻穀仍然是又肥又大。

他似乎懂了，「原來，我就是這名農夫！我不應該本末倒置，辭職去做股票！」他很懊悔地說。

◨ 上班守本業　餘暇投資股票

沒錯，理財的目的在提升未來的生活品質，擬定理財計畫的同時，別忘了個人原有的生涯規畫。你仍然要上班守住本業，機會來

的時候，再花幾分鐘打個電話給營業員買賣股票，這樣即使沒捉到兔子，至少還有本業的薪水收入；如果能捉到兔子，那你就多出額外的收入了。

「我可不可以辭去工作，專心做股票投資？」我常碰到投資人這麼問，我只問你一個最簡單也最實事求是的問題：「本業重要還是副業重要？你將僅有的幾萬元、幾十萬元，甚至幾百萬投入股市，以你過去的績效，一年平均能在股市獲利多少？這些獲利可以彌補你的薪水嗎？**在股市裡投資，你能容忍一、兩年或更久不賺錢，甚至出現帳面虧損嗎？**」

有時股市一低迷就是兩、三年沒有行情，當你無法繼續在股市賺錢，或賺不到錢甚至是虧損的時候，你要如何生活下去？很多人都是短期內在股市賺到錢，就以為靠股票賺錢很容易，一旦時間拉長個五年或十年，多經歷幾次中級多空輪迴你就會發現要在股市賺錢並不簡單，而想要靠股市操作維持生活，真的很難。

請實事求是，設身處地的想一想！

於是他重回職場，到一家公司上班，後來當上分公司的經理。我不知道他有沒有再從事股票買賣？我也不知道他有沒有再抓到兔子？但至少他的本業守住了，而且做得很好。

股票行情有漲有跌，漲的時候固然是一種歡喜，跌的時候呢？有沒有想過不少人因此傷心失望，資產縮水？或許行情大好的時候會有許多意氣風發的上班族也有跳出職場、專心操作股票的想法，此時，請看一下這篇故事，希望能對你有所啟發。

趨勢生命力

基本分析 VS 技術分析

　　基本分析和技術分析有如我們的左手和右手，誰重要？慣用右手的人，用右手的機會比較多，左撇子則是用左手的機會比較多；誰好誰壞？單手總是無法比雙手拿得多吧！雙手互相合作才能挑重擔啊！我是慣用右手的人，但打字也是兩手並用，有個廣告說「一天用左手寫幾個字」——讓左腦和右腦均衡一下。技術面和基本面是不是也要均衡一下呢？

　　基本分析和技術分析絕對不是「二選一」的問題，不應該畫地自限。以洗米煮飯為例，每一支股票都應該以基本面為基礎，一家公司的獲利能力，是影響大資金是否參與拉抬、投資人是否願意買進持有的最大因素，這是挑米的功夫，而技術分析就是煮飯的功夫。如果你不先把白米和粗糠分離，怎能煮出香噴噴的白飯？

■ 基本面、技術面　相輔相成

　　很多人不知道學技術分析和基本分析的目的，更多人把技術分析和基本分析直接拿來操作買賣！這是對這兩項工具的誤解。

　　技術分析和基本分析的主要功用，是用來制定你的操作策略和風險控管。用這兩項工具來發現好股票、好的買點；用這兩項工具來決定風報比；用這兩項工具來分配資金，準備投入多少金額。

　　操作上，我將技術分析放在第一順位，也就是說，我會優先考慮股價的K線圖，再看基本面的資料。至於我大部分的選股都是台灣五十和台灣一百成份股，因為我相信這些成份股的基本面不會有大問題，因此在這裡面選股讓我很安心。

　　用基本分析和技術分析思考，當兩個面向相同的時候，再用技術方法切入。

　　假如我們依據所了解的基本分析原理，市場應該是看漲的，但是趨勢卻向下走，那麼買入就是不合邏輯；若依據所了解的基本分析原理，市場應該是看跌的，但是趨勢卻上升，那麼賣空就是不合邏輯；但如果我們依據所了解的基本分析原理，市場應該是看漲的，而且趨勢也向上走，那麼不積極買入就更不合邏輯了。

　　景氣好不代表所有股票都會大漲，公司基本面好只是上漲的背景，**要多數人看好且買進，股價才會有機會漲，而決定是否大漲，就是持有聰明資金的大戶也看好並買股票。**

　　基本面和技術面是相輔相成的，前證交所董事長趙孝風說：「理財就像女孩子的化妝術，方式千百種，哪一種最好？適合自己的最好！」如果沒有這樣的觀念，永遠會爭執不休，我請問你，你的左手和右手哪一隻手好？不好的那一隻手剁掉好嗎？

技術面的缺陷（一）

　　我一直都是在住家附近的牙科看牙，以前只要你掉一顆牙，牙醫就會把旁邊的好牙削掉做一個牙橋，等於壞一顆牙就要賠上兩顆好牙，但是現在植牙技術進步了，掉牙只要在原來的地方植牙就行了。我概算一下，做牙橋是要做三顆假牙，一顆以一萬元算，醫師可收入三萬，但植牙一顆就要八萬左右，難怪牙醫師都搶著學植牙，利之所在怎不叫人嚮往呢？

趨勢生命力

由於患有嚴重的牙周病，我幾乎滿口都是做牙橋的假牙，最近又壞了一顆，實在沒辦法再做牙橋了，於是痛定思痛決定植牙，不過我的牙醫師建議我總共要植11顆牙，這筆費用要百萬之譜，而且整個療程要一年，時間上我也無法忍受。

後來我問了一位全口植牙的朋友，其植牙的感覺和經驗，因為收費比較便宜，所以在他的介紹之下，找到這位替他植牙的醫師。

◼ 全口攝影　有如技術K線圖

這家牙醫的生意很好，裡面有三位牙醫師在看診，辦了掛號，約了我朋友介紹的陳醫師晚間七點看診。因為我早到半小時，醫師正在看病患，護士小姐就帶我到X光室做全口牙齒攝影，這讓我感到新奇，很少牙醫診所有這樣的設備，通常只有局部攝影的X光機而已！

全口攝影完畢，等不到十分鐘就換我看診了，坐上手術椅，醫師坐在我後面指著電腦銀幕上的全口牙齒攝影圖，開始解說我的牙齒問題，隨著滑鼠的移動，醫師說：「這裡壞了！那裡不行了！……所以建議做這樣的處理，左下這裡植兩顆做三顆、右下這裡植兩顆做三顆的牙橋、左上因為已經有一顆植牙就不動，可以連接最後面的智齒做四顆的牙橋……」原來不用每個地方都植牙，有的可以用牙橋代替。

我問，那我的門牙呢？醫師嚇了一跳，原來我下顎兩顆剛掉的門牙在X光片上只有黑影，所以他沒注意到，他仔細看了一下後說，這門牙可以用旁邊兩顆牙做四顆的牙橋，這樣就OK了。

　　接著，我伸手拔下右上門牙旁邊的三顆雙重冠的活動假牙，問他這三顆牙要怎麼處理？醫師又嚇了一跳，因為在銀幕上雖可以看出這三顆是假牙，但如果我沒說，他可能不知道這是活動假牙，他看了一下說：這不必動沒關係。

■ 不能光看圖　也要做實際的檢查

　　不過，我並沒有因為醫師沒有先發現我牙齒的這兩個問題，而對他失去信心，因為他只看電腦圖上的影片就能夠告訴我該怎麼做，原本要植11顆牙，換了醫師只需植四顆牙，再加兩副四顆牙橋的假牙就可以了，費用一下子省了60%！當下我就決定給他做了，希望三個月後能有滿口可以用的牙齒。

　　回家路上，我一直回味醫師解釋電腦上面的全口攝影及為我做解說的情況，還有他聽我問起門牙怎麼辦、右上活動假牙該如何處理時的驚訝表情。

　　這不就和那些用技術面操作股票的人，只看電腦圖上的技術面，卻忘了查看基本面的道理一樣嗎？

　　我會決定給這位醫師做，是因為其全口牙齒的攝影設備，能讓患者一眼就看清楚自己牙齒的問題，雖然我不一定懂得影片上的「眉角」，但是就技術面來解說有圖片總比沒有圖片的說服力大多了。我想，如果這位醫師能夠在解釋X光片之前，先檢查一下我的牙齒，這一趟看診一定會讓我相當滿意的。

　　嗯，雖然我知道，在任何特定的時間，股票的真正價值，其絕對且唯一的決定因子是——股票的供需關係，但以後買股票之前，

趨勢生命力

技術面的訊號很重要，也別忘了要查一下基本面的資料，不然有時候會有缺憾的。

不過，以技術面操作的人，看到賣出訊號絕對不會去考慮基本面的，因為會有賣出訊號一定是大咖溜掉了，大咖溜掉一定有理由，我只好跟著跑囉。

技術面的缺陷（二）

中國民間早已有習武風氣，一些習武者聚在一起，互相切磋武藝，漸成一門派。民國初年及現代之武俠小說，如金庸、古龍及梁羽生⋯⋯等所著之武俠小說，把武林分成八大門派，包括武當(山)派、峨嵋(山)派、崆峒(山)派、崑崙(山)派、點蒼(蒼山)派、華山派、青城(山)派、嵩山少林派等等，各據山頭、各領風騷。

若問哪一派的功夫最好？在小說裡面誰也不服誰，掌門也都說自己門派的武功最強，不過再看一下各門派擅長的功夫，以大家耳熟能詳的嵩山少林來說，少林武功重塑老洪拳之套路、十八羅漢手、炮捶、大小紅拳等，練習拳套時，以氣硬功為主，現在加上長拳、形意拳、北螳螂拳、猴拳、通背等現代拳術，演變越趨多樣化。

■ 八大門派　誰也不服誰

好了，我們再想一下，這林林總總的功夫中，哪一種最好？哪一種最強？如果你要學，會去學哪一種？江湖紛爭都是這樣出來的，原因就是「誰也不服誰」，八大門派如此，門派內的師兄弟們更是如此，誰都要把對方比下去，也正因為如此，小說家的筆下總

會有寫不完的人物，內容不見得是對功夫的詮釋，反而盡是一些愛恨情仇。

股市的技術分析也有八大門派，包括K線、均線、指標、融資券、量、……等等，而門派內容最多的就是指標派，包括RSI、KD、MACD、DMA、WR、BIAS、OBV、TAPI、PSY、ADL、CDP、BOLL、CCI……，不下百來種，可謂百花綻放，百家爭鳴，各有愛好者，也各有一片天空。就像大學要分理科、文科，而這兩科下面又分好幾百個學系，到底哪一個學校最好？哪一個科系最好？這就要看你的成績和運氣了。

■ 技術分析　沒有標準的教科書

那麼，如果你要學技術分析，該從哪裡著手？該學哪一種好？這沒有絕對的答案。許多新人往往是學了一種之後，以為已經得到賺錢祕技、天下無敵了，但沒兩三下就輸了，於是又去學另一種，又輸了！再學第三種、第四種……第N種，還是沒法贏，並且發現每一本書、每一位師父教的內容都不太一樣，於是昏頭了，認為技術分析沒有用，盲點一大堆。

這就是技術分析的缺陷，**技術沒有統一的法則，也沒有一套標準的內容**，就像我們的教育，「一綱多本」，讓人頭大。但是回頭想一下，如果有統一的法則，就天下太平了嗎？果真如此，我想股市也不用玩了，因為方法一樣，大家都在同一時間買進，誰賣？大家在同一時間賣出，賣給誰？

所以想一想，這缺陷也是一種必要的美，不是嗎？

趨勢生命力

■ 技術分析的功用　不在預測　而在實作

　　股市本來就像作生意一般，錢很難賺，甚至要不虧錢都很難。我覺得技術分析有些很有理，有些則是矇人的，一些搞技術分析的人，用不少數學理論作證明，宣稱能精準的預測未來，就未免有些浮誇。技術分析追蹤過去，以過去的經驗預測未來，但在往預期的方向走的過程還是要小心應對，不可執著於預測，得自己動腦筋做結論看盤勢做應變。學功夫，要看你的目的是什麼，是健身防身自衛？還是找人幹架，爭個你死我活？目的不同，手段就不同。

　　學股市操作技術也一樣，要看你的目的是什麼，是要長線保本求利？還是要短線當帽客？或者要兩者都取？目的不同，學習的取向就不同。

　　我的看法是，技術沒有好壞，本土的也好，外來的也罷，目的都是想要用技術操作來賺點錢，所以**我們要做的是先博而後精，先廣泛學習自己有興趣知道的，再挑最喜歡、最順手的來鑽研**。沒有基本的功夫之前，切忌自己天馬行空地發明指標、發明方法，多學習人家代代相傳、代代改良的方法，這此經驗和方法一定比自己閉門造車有用多了。

　　多看書沒事，多聽講沒事，多看、多學總有一天你會破除技術上的缺陷，開拓自己的天空。

技術面的缺陷(三)

技術面太深奧，基本面又太飄渺，股巿真的是一門很深的學問。

整體來說，技術分析是敵不動我不動，敵欲動我先動，有些酷似追漲殺跌，所以，一旦碰到盤整狀況，技術分析傾向保守不出手，等待盤整完畢的股價變動，有方向才會有動作。股價沒有明顯變動，技術分析者也不行動；股價有了趨勢變動，技術分析者快速行動。

此外，技術分析者也不喜歡低流量、低成交量的股票，因為不容易買進足夠的籌碼，要賣出時也會因接手不足，不好出掉，且買賣都不容易有好價位。從上面兩個特性看來，低成交量、長期盤整，但是公司體質穩健、長期財務報表穩定者，反而成了技術分析者的盲點。

羅威對操作技術的學習和研究雖然投入不少心力，但我也自知「懂者十七八，不懂的有七八十」，我認為，任何技術分析都是好的，每樣分析都有它的一套理論，但是，也沒有任何一門技術分析是百分百準確的，用盡所有可能的判斷來賺取最大的利潤，立於不敗之地，這就是我們追求的方向。

任何技術分析都要學，什麼理論觀念都要懂，所有股票哲學都要研究，多多做功課，總整百家於一身，為的就是上戰場時能隨機應變，不管盤勢如何變化，忽多忽空，都要能捉到脈動，這才是功力。

的確，認為要學很多要懂很多才行，但這也算是技術面的缺陷！用時間換取空間是基本面愛好者的慣用語，也就是低檔佈局，然後等待上漲。基本面是用來篩選「為何」要買這家公司；技術面則是用來篩選「何時」進場，兩者功用不同，自然對股價變動的看法也不同。

長期盤整確實不是技術操作者喜愛的型態；技術面的人喜歡追價，好像也沒說錯；低流量、低成交量的股票也不是技術操作者滿意的標的。以上提到了三個技術面的缺陷，但我覺得缺陷也是一種美，不是嗎？知道自己的缺陷，才會設法去改善，就怕自以為是，反而陷入死胡同。

去蕪存菁選股法

現代人吃不窮、穿不窮，只有不會打算的人才會窮。許多人認為，炒作股票是快速致富的方法之一，然而，即便是曠世奇才的股市作手，也會承認股市難以掌握，投資人若想在茫茫股海中放長線釣大魚，不妨先將不熟的產業、體質不佳的公司及股價表現極端的個股刪除，心無旁鶩地等待大魚上鉤。

要從1200檔股票中挑出好股票真的很不容易，但是如果我們用刪除法先把不可能的答案刪除，這樣就會省力多了。投資股票的對象必須符合三個條件：一是企業有一定的規模、二是本業的經營上軌道、三是公司曾經有快速成長的紀錄。

股市是波動性極大的投資工具，想要賺錢就必須要知道股價是會波動的，與萬一方向錯誤要有損失的心理準備。選股刪去法就是

把不符合條件的刪除，這樣就能從1200檔股票中除掉一大部分不合格的股票，剩下的可以像選女婿般慢慢挑。在股海中放長線釣大魚的不二法門，就是要諳水性及了解標的物特質，並剔除不必要的障礙，如此才能游刃有餘，創造最大的獲利空間。

◼ 選股三部曲

第1步：刪除不懂的產業

叱吒風雲的投資大師巴菲特，最強調的投資原則就是「絕不把資金投入自己不熟悉的產業中」，包括公司的產品、財務狀況、競爭對手，到整體產業鏈的上下游關係及公司未來的成長性等，都要有一定的掌握。

因此，在他的投資組合中，主要持股像嬌生、家樂氏、可口可樂等，都是傳統色彩較重、也較容易了解的公司。這和大家開口閉口都是電子股，非電子股不投資有很大的不同，巴菲特的投資績效證實「天涯何處無芳草」，把不熟悉的產業刪除掉，只鎖定自己了解的產業，一樣有機會享受高獲利的報酬。

我不是要大家學巴菲特，我們要學的是這種「只做自己了解的產業」的精神，先把自己不熟悉的產業，直接刪除！巴菲特手上沒有電子產業的股票，因為他說他對電子產業不熟，所以直接刪除。

一個產業，往往包括數十檔個股，若能果斷的刪掉一個產業，就大幅簡化了未來挑選個股的複雜度，此外，也大幅降低了誤判產業前景的風險。若投資人不了解產業特性，無法掌握景氣循環對產業的影響，就是置自己於產業能見度偏低的風險之中，不能有效替資金「趨吉避凶」。

趨勢生命力

第2步：刪除財報不佳的公司

或許密密麻麻的會計科目及數字，常讓有心研究股票的投資人打退堂鼓，但對想要長抱績優股、不用每天盯盤殺進殺出的投資人來說，看懂財報就是最基本的第一課。

一般投資人由於終日忙於工作、生活，有的人甚至不知道如何判讀財報，大多數人也沒有時間逐檔檢視個股財報，不過投資的事本來就沒有那麼輕鬆，所以還是要花點功夫去看一下財務報表。

我們只要先列出財報中容易計算、且具有彰顯個股體質意義的幾個指標，如EPS、應收帳款是否增加異常、公司負債比例、現金流量……，再訂出這些指標的「及格」標準，一旦個股財報有「不及格」之處，即予刪除。如果不知道該從何處著手，不妨專注觀察企業的財務結構，刪掉體質不健全的公司。

投資這檔事，沒有什麼情面好講，「寧可錯殺一百，不可錯放一人」，最好把所有存在疑慮的個股刪除，讓自己誤觸地雷的危機降到最低。巴菲特的名言之一「財報看不懂的公司，就不要投資」，這句話就是最高深的「刪除法」哲學，雖然財報看不懂並不一定代表這家公司有絕對的風險，但是既然連他這種財報專家都存有疑慮，在安全第一的考量下，斷然將它刪除也很合理啊！

第3步：刪除股價極端的個股

當個股的股價處於歷史高檔時，就絕不是買進股票長線投資的好時機。另外，也請刪除跌破票面的股票，畢竟股價跌破票面，背後一定有原因，若公司經營狀況沒有明顯改善，未來獲利反轉的機會也不會太大，除非你對該公司和該產業未來的景氣非常了解，否則投資人不宜輕易嘗試。

如果更嚴格點的，過去有些跌破票面價格的股票，即使現在重回票面，也不應對其後續經營抱持過度樂觀的態度，有刪除的必要。

投資股票就像在做一道倒扣計分的複選題，只是倒扣的不是分數，而可能是你的資產，錯得愈多，扣得愈重。此外，台股有千檔以上的股票，那麼這道複選題的選項就有千項之多，要簡化做答的難度，「刪除法」是不可不用的技巧之一。

■ 簡單選股法　台灣五十和台灣一百成份股

老實說，財報這一塊是羅威最弱的部分，所以我選股總是懶惰一點，直接就用台灣50成份股、台灣中型100成份股，或者摩根成份股作為操作的標的，然後用技術方法切入而已，因為這些成份股是由法人或公家機構選出的，有一定的條件才可以列入成份股，尤其摩根成份股，更為外資機構重要的參考標的，如此一來，總比大海撈針不知道怎麼選好多了吧！

當然，這些成份股並不保證不會出問題，太電、雅新、歌林也曾經是這些成份股之一，所以，有關錢的事都要小心再小心，尤其超長線的投資更不可偷懶，不但選股要勤，將來也要隨時注意基本面有沒有重大的變化，總說一句——天下沒有白吃的午餐。

上面這些刪除的條件你並沒有一定要用這個標準，你也可以另外立一個標準，例如：老闆形象不佳的公司不買、投機太過分的股票不買、主力介入過深的股票不買、沒有底部的股票不買……等等，作為你買賣股票的依據，本書技術篇更告訴大家沒有站上季線就不能買！刪除法只是讓你盡量趨吉避凶，保護投資資金的安全而已。

趨勢生命力

　　當然，對短線投資人與短線投機客來說，應該刪除哪些選項，各有不同的標準答案，因為短線客追逐的是短線的利潤，可能用技術面寫幾個選股程式就開始操作了，這種短線的方式宜短、宜輕、宜快進快出，操作方法不同，自然就另當別論。

本益比該如何看？

　　對中長期投資而言，基本面非常重要，而看懂財報是第一要件，你要知道股票的合理價格在哪裡？何時超跌可買進？何時超漲則考慮減少持股？喜歡基本面的人大概都會看本益比，本益比是可能達成且發放的收益。

　　本益比該如何算呢？P(價格)／E(每股收益)＝本益比。這是簡單的公式，只要把價格除以每股收益，就是本益比了。假設價格是20，每股收益是2，那本益比＝20／2＝10，就這樣簡單。但是這個10後面的單位是什麼呢？坊間很多書籍都寫「倍」，當然分母除以分子本來的單位就是「倍」，但這個10倍又代表什麼意思呢？

　　假使這個E是代表一年的每股收益，那這個**10倍，應該是「還本期間」，翻成白話就是「10年可以還本」的意思**，這樣應該就很好了解了。那麼，本益比是10的股票，就是要10年的配股配息才能夠還本；如果本益比是20，就是要經過20年的配股配息才能夠還本。

◨ 本益比選股　應愈低愈好嗎？

如果本益比的定義是這樣，那麼我們用本益比選股應該愈低愈好囉？本益比太高表示還本期間愈長，就不是好的投資標的了，不是嗎？對的，就是這樣。不過如果你這樣看，好像又不太對呢。

接著我們再探討一個問題，**本益比的計算式中有兩個變動數，「價格」和「收益」，只要任何一個數變動，就會影響本益比的值。**如果上面例子的價格是40，收益仍然是2，那本益比變成40／2＝20；如果價格15，收益仍然是2，那本益比會成為7.5！所以**價格變動，本益比也會變動。**同樣的，**收益變動也會影響本益比的數字變動**，這應該很容易懂吧。

OK，問題來了，股市裡面的價格是會變的而且時時刻刻在變動，因為它不可能停止供需，有供需價格就會變動；股票的收益也會變動，公司營收和成本支出的變動都會影響收益，而收益到底是多少，則要等到公佈除權除息才知道，在這之前都只能預估，但是，大部分的產業都會有所謂的景氣循環，現在能夠賺3元的，三年後能夠賺幾元？沒有人知道吧！即使預估可以賺5元，但公司保留了部分稅後盈餘，只配2元，這樣的例子也很多呢。

◨ 1975元國壽　今安在？

記得當年的國壽，就是挾著每年一股配一股，連續配了三年，股價才被拱上1975元的，但後來呢？股本膨脹了，收益趕不上股本的膨脹，配股減少了，股價就淅瀝嘩啦的下挫，把百位數和千位數都跌掉了，跌到只剩下後面那兩位數都還沒有止跌；當年華碩剛上

市時也是高配股，最高也是一股配一股，把華碩推升到890元，同樣的股本膨脹了，配股少了，後來也就漲不動開始大跌了。

就這樣，很多變數都會動，誰能知道今年的本益比是多少？所以一般我們看的本益比都是預估的，也就是**用P股價／E過去的年平均收益**；或者是**P股價／E今年預估的收益**。但這樣的算法都還算是短線的本益比，如果你要長期投資，可以把最近五年的稅前盈餘加起來然後平均，對照股價後就可以大概得知合理的價位在哪裡，在這個價位以下就算是物超所值，可以分批買進；這個價位以上大概就不是好的買點，該分批賣出了。

本益比低有好幾種原因，最直接的原因可能是股價下跌，或者收益增加，所以大盤跌的時候，本益比都超低的，而大盤大漲時，本益比都很高，同一檔股票4000點和9000點的本益比就是差很多。

■ 只有老闆才知道真正的本益比是多少

過去的年平均收益和預估的收益可以從已公佈的資訊求得，但可能達成且發放的收益是多少？我們並無法有精準的數字，能夠掌握較精準數字的人只有公司大老闆和董監高層，而可能達成且發放的收益在除權前公司或許會做財務操作，比如員工分紅、保留盈餘……等等，讓預期的本益比降低。所以我常說，你用不太精準的資料和預估的本益比，要和握有精準本益比的老闆比手腕，怎麼可能贏他呢？

物品的價值所在，就是他人願意支付的價格。所以，專業投資人不該把精力用於估算股票的真實價值，而該致力於分析投資大眾未來的動向，以及他們如何樂觀的把希望建築在空中樓閣上。本

益比是一個可供參考的資訊，但是不是唯一，所以不要太沉迷，只要本益比在合理範圍應該都是可以接受的，操作股票還是要依照大盤、產業、公司的狀況和市價的比較來做調整，這樣會比較好。

股王的迷思

2006年五月的某一天，我和幾個朋友在一家餐廳吃飯，隔壁桌有位小婦人，和幾個姐妹淘高談闊論，因為聲音實在太大，所以我們也都聽得一清二楚，內容無非是那位婦人聽朋友的明牌，以800元買了宏達電，現在漲到1100元，每張結結實實賺了30萬，更妙的是，她還會把宏達電現股賣掉換成融資，這樣不但可以加倍持有張數，而且融資後還有多餘的錢可以拿來請客和購物。

她展示著手指上剛買的鑽戒還說，有內線告訴她主力目標價要做到1500，鼓勵她的朋友共襄盛舉，言下頗為得意，不過她的朋友說沒有那麼多錢，買不起如此高價位的股票，還褒獎她真有錢之類的。

我的朋友聽到以後，笑著跟我搖搖頭說：又一個！

■ 買高價股是用來炫耀的

又一個什麼呢？他說：人通常有一個毛病，買高價股是買來現的，也就是用買高價股來告訴朋友：「我就是有錢可以買千元的高價股！」用這種方式代表他的身價，藉以突顯她的優越感。

我對這種說法不置可否，因為初入股市的時候我也曾經傾所有的資金加融資買過一次1500元的國壽，當時我確實是有這樣的心

趨勢生命力

態,150萬換一張國壽的股票回來爽兩天,為的就是那一點點的虛榮心,不過當我後來用1525元賣掉,發現手續費居然快要1萬時,我就再也不買高價股了。而我聽到那位婦人現股賣掉換融資之後,我告訴朋友,大概快要可以放空宏達電了。

台股歷經三次萬點,過去三次上萬點的大多頭,都會產生千元股王,但這些股王的下場都很慘,簡直是一路崩跌。

舉例

1990年那次有七檔千元以上股王:國壽、彰銀、一銀、華銀、開發、北企與臺火,其中國壽還創下1975元的天價,市值逼近兩兆,本益比高達百倍;但是之後呢?

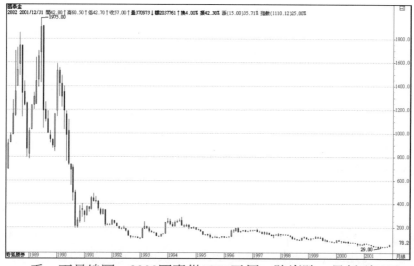

看一下月線圖,2882國壽從1975天價一路崩跌,最低到20元,現在75元!前面那19不見了,只剩後面那兩位數。

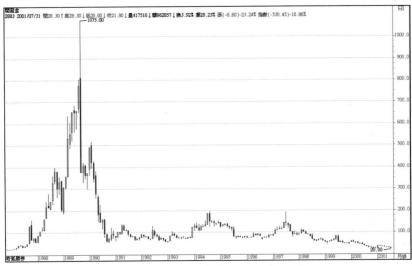

2883開發最高價1075元，現在剩下不到14元！

1997年的2357華碩股價890元，現在剩下92元！百位數「8」不見了！

2000年的3026禾伸堂999元股價，現在剩下92元，百位數「9」不見了！

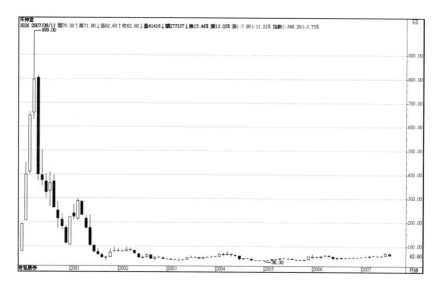

剛剛那位小婦人提到的宏達電，2006年宏達電股價最高1220元，益通1205元，是今年唯二的兩檔千元股票，現在如何呢？已經腰斬了，很恐怖吧。

■ 追捧股王股后　小心接到最後一棒

看完這幾檔曾經是千元股王股后的股票，最後都「去頭留尾」！這樣的表現你有什麼感覺？股王股后怎麼產生的呢？當然是有原因的，一是籌碼穩定，二是高配股配息，三是有投信大力追捧，四是⋯⋯，五是⋯⋯，反正有很多原因。

那麼這些千元股價的股票後來怎麼會跌得這麼慘呢？很簡單，上面的原因消失了，籌碼大量散出來了，股本膨脹後，高配股配息不見了，假如是你，十幾塊的原始成本漲到一千塊，一萬元變成一百萬，你賣不賣？如果我是老闆，股票經過多年配股配息後早就免本錢了，我一定賣光光，然後拿這些錢再去開十家公司。

股價在高檔時，大戶、大股東壓箱的股票都賣得差不多了，當然股價就沒有人照顧，沒有人照顧也就只有自由落體的往下一直落囉。高檔賣出，低檔買回，誰贏得了大股東？

股市常有的狀況是：看他起高樓，看他樓塌了。我不知道那位小婦人後來賣了宏達電沒有？但是我相信歷史，股價上千元最後都會去頭留尾把頭（前面兩位數）砍掉，剩下尾巴（後面兩位數），而且目前還找不到曾經翻過身解過套的紀錄，屢試不爽。

股王，我的心得是，當大盤走空頭時，目標最大的空方標的。

趨勢生命力

很另類的暴利投資法

「去蕪存菁選股法」提到大部分的人選股都會選績優股、業績成長股等等有基本面的股票，並且建議不要碰極端高和極端低價的股票。這是一般教科書推薦的選股方式，也是大家遵循的操作模式，但，羅威說，任何股票都有可能賺錢，端看你是否選對進場的時機。

本文要和大家談的是一個相當另類的選股方式，基本上，這種方式也屬於基本面的選股法，而且了解個中三昧的，操作起來也可以虎虎生風，真的是甚麼人玩什麼鳥，什麼鳥都有人玩。

話說有一回朋友聚會，有位「董」字輩的朋友又換了新車，我們當然要褒獎恭喜一番囉，沒想到這位朋友很客氣的說：「這台車是賣雞蛋水餃賺來的！」我們以為他改行賣雞蛋水餃了，他太太在旁神秘一笑說：「股票啦！雞蛋水餃股啦！」

股票市場的「雞蛋股、水餃股」這些說法，外國人大多聽不懂，但望文生義，即股價掉到像雞蛋(一粒三元)、水餃(一顆四元)一樣的價格，會讓很多人血本無歸。很多人選股都不會把這些股票列入考慮，然而，當我聽了他的一席話之後，對投資有了另類的看法。

且聽他怎麼說。(以下是回家後憑記憶的內容整理)

■ 地雷股難預測

1. 地雷股是如何發生的？因為公司出問題嘛，只要公司出了問題，不管價位多高都天天跌停，跌不停。那你有沒有辦法知道

公司可能會出問題呢？除非你的生意或朋友的生意和這家公司相當密切，否則你沒辦法知道，對吧？

2. 所以我不買正常的公司，除非我和他有生意往來，我很了解這家公司才會投資，因為我不知道他會不會出問題和何時會出問題。（眾人點頭）

3. 我專門投資出問題的公司，或出問題的產業，因為已經知道她們有問題了，問題已經出現了股價也跌到見骨頭了，再出現大問題的機會就不大了。（眾人哈哈笑，也點頭）

■ 分批定額買進水餃股

4. 如果不是財務出問題，而是大盤的問題或者產業面的景氣問題，尤其是股價掉到5塊錢以下，我認為投資價值就浮現了，我就會開始買入，從五塊開始買，分批買、定額買，每個月買一次，一次買幾張，一檔最多只買三萬元，買完就擺著。（我們靜靜聽著，「定額投資」，好熟悉的名詞！）

5. 我分析給你們評估看看，一家公司股本起碼都有十億，我只投資三萬，就算這家公司要倒、要下市，老闆虧了十億，我只虧了三萬，算很划得來，也不大吃虧。萬一這家公司不倒呢？老闆會想辦法讓他回到票面10元，或者產業又出現轉機，可能到20元或30元！誰知道？

　　我用三萬賭一家公司不會倒，如果不倒，就可能賺一倍、兩倍甚至好幾翻！這種賭可不可以賭看看？（眾人又若有所悟地再度點頭）

趨勢生命力

■ 公司不倒　老闆會想法解套

6. 你們知不知道，10年內股價曾經跌到5元以下的公司有幾檔？四百多檔！這些股票中被下市的只有三十幾檔，剩下的有些很快（三到五年）就到票面以上了，也就是有5元以下的公司有十分之一的股票會下市，但是有十分之九的股票不會下市。

這幾年來，我先後研究了大約200檔因產業不景氣，而跌落五元以下的公司，只要這些公司的營運策略正常，要重新振作當然是可能的事情。這些股票中，有一半在三年內會跑到10元票面之上，也就是三年賺一倍，有的比較久需要五年，如果評估產業還有點機會，我都會抱著不賣。只要公司不倒，大股東老闆會想辦法解套，而我在五元以下買的，誰的成本會比我低呢？（我搖搖頭！拍案叫絕）

7. 分散投資，大盤跌深的時候，雞蛋水餃會有一大堆，找5元以下的股票，先研究看看股票跌到這裡的原因是什麼？是大盤不好或產業不好的關係？還是惡搞爛搞的渾蛋所為？再分析這些原因有沒有改善的機會，惡搞的和完全無機會的就不買了，如果還有機會就可以開始買，先買兩張，以後每個月分批定額買半年，如果能夠撐半年沒有下市，將來回到票面的機會就很大了。

■ 利多消息曝光　正是出脫佳機

8. 最後一點，也是最重要的一點，怎麼賣？

如果股價已經回到票面，投資的目標達成，隨時都可以賣；如果票面上決定繼續持有，碰到該公司有市場上的利多消息或新聞，

報紙大量的報導轉機消息時賣出。如最近的幸福水泥，因為取得深層海水營運的第一張執照，股票發飆，我就賣掉。在股市最熱絡、人人喊買的時候出場，尤其是在大盤相當熱絡的時候，雞蛋水餃股大概都會發飆一波，此時獲利已豐，已經沒有再持有的必要了。

結論

　　股票投資人應該要把每一筆股票投資都當作是一樁非常重大的生意來經營，唯有如此，你才能夠謹慎地選擇投資的個股、時機、金額，並耐心持股，賺錢的機率也才會大增。

■ 垃圾中有黃金

　　雞蛋水餃股因為基本面並不好，或者產業基本面差，股價才會下跌，會買的人也不多，主力大戶更不會在此時進場拉抬，所以成交量很小，根本沒有上漲的動能。如果稍微注意一下，找5元以下的股票不是惡搞的公司每檔買個幾張，大量的分散投資，以大數法則來說，上漲的機會滿大的，回到票面也不是沒有。

　　在大盤盤整或下跌時，如果沒有題材炒作，已經買完額度的只要忘了它的存在就好了；但是在大盤指數上漲及大盤量能放大時，雞蛋水餃股又會因長期沉澱，籌碼相對較安定，如果有些小小的題材，很容易吸引小主力進場，上漲幅度很容易超越大盤。每波上漲行情都有這類股發飆的時刻。

　　股票本來就是有錢人玩的遊戲，沒有賺錢壓力的人比較有耐心，能夠持久，只要有好的策略，找對的價格買進，加上時間，都可以賺錢。切記，**投入比重不要太重持股不要太多**，這種投資就像手提全部裝有雞蛋的籃子，如果你沒有時間或機會去檢查每個籃子

趨勢生命力

有無缺口，就難逃增加風險和損失的厄運。更何況，你有那麼多隻手提籃子嗎？如果縮小規模，一檔以投資一萬為限，買個一兩張玩玩看，所需的資金也不會很多吧。

想起有人說：**同樣漲一倍，100塊漲到200塊比較容易，還是5塊漲到10塊容易？**這方法是告訴大家，績差股其實也有黃金，不過請大家當故事看就好，不用太認真，股票投資還是找基本面好的公司才是王道。如果真要做此類投資，功課一定要做足才行。

基本上，這種方式要比股票、權證或期貨以及期貨選擇權的風險低很多，自己做小錢的定額定存，自己做投資，新手基本功先做好，耐心持有就會有收穫。

■ 進場前　要先做好功課

雞蛋水餃股的投資基本常識：

1. 自己買的股票要知道這家公司是做什麼的？（基本面要做一下功課）
2. 跌到5元以下的原因是什麼？財務出問題的一定要刪掉。（找報紙來看、上網查查看）
3. 上述兩條件能過關，就可以開始分散定額定存投資。
4. 只用自身資金來買，一檔只投入定量的資金，買完後就持有，不再加碼。
5. 該股回到票面後，有市場上的利多消息或新聞、報紙大量的報導轉機消息時賣出。
6. 在股市最熱絡、大盤末段投機股飆漲，人人喊買時「出場」。
7. 因為是績差股，所以隨時要有被下市的心理準備。

諸君，你認為這種投資法如何？很另類的低價股投資法，提供大家參考。

一致性的獲利能力

為了能持續交易，你必須保障資本，在投入任何市場活動以前，風險應該是主要的考量。市場新手或專業老手都曾嘗試錯誤的途徑，花費無數的寶貴時間學習市場的知識，或試圖將某種方法運用在市場中。想來也好笑，當初入市時，我是抱著一年翻幾倍的想法進來的，經歷了虧損後，才慢慢改變這種想法，不給自己太大的目標，放鬆心情反而容易獲利。

最近重新看了《專業投機原理》（寰宇出版），對作者維克多的「一致性的事業哲學」有更深刻的體會，這三項原則按重要性排列如下：

1. 保障資本
2. 一致性的獲利能力
3. 追求卓越的報酬

■ 一致性獲利 ≠ 每次都獲利

我第一次看這本書的時候，把一致性的獲利誤解為「每次都獲利」，因而對這句話嗤之以鼻，近日再看，原來是我誤解原意了（慚愧）！說真的，1：3的風險／報酬比率，是很嚴格的要求，就以此為目標吧！另外，如果能夠把勝率提高些，風報比應可下降，用勝率來拉高一致性的獲利機會，也沒什麼不可以的。

趨勢生命力

「保障資本」是其最核心的原則，正如許多專業投機者、投資人所認為的，在交易活動中，他們最先考慮的是市場的風險，而不是主觀期待的利潤。想要「保障資本」，首先**不要一次就將所有本金都投入投機**，投機沒有穩贏的，甚至投機的結果以輸家收場的比例相當高，所以投機的資金最多只能是所有資金的三成。

其次要**盡量減少交易次數**，你一進場交易就先賠了交易成本，就已經是站在輸家的一邊了。隨著買賣抉擇次數的減少，同時也會發現，不僅關心市場、個股的漲幅次數減少，壓力與緊張也確實減低了。

再來就是人人都知道，卻沒有人人都做到的**「停損」觀念**。

在保障資本的前提下，**維克多認為還必須培養「一致性的獲利能力」，即在低風險的條件下，能持續獲利的能力。**什麼是「一致性」呢？我舉個例子，夏天天氣熱，只要打開冷氣機，不一會兒整個屋子都涼爽起來，這冷氣機不論是你來開、我來開、老人來開、小孩子來開，效果都一樣，這就是冷氣機的「一致性」！

因為冷氣機會使室內涼爽的功能有一致性，每戶家庭都確信這個功能，只要是冷氣機，不論是哪一個廠牌都一樣會吹冷氣，所以大家很放心的買冷氣機，而且不會懷疑它「過往績效表現是否代表未來的績效」，也不用提醒使用者要「審慎評估選擇」。

當我們面對投資市場的波動時，會被市場無常的變化驚嚇到，忘記市場也具備像冷氣機一樣的「一致性」，**只要找到市場的「一致性」，並且這個「一致性」愈強，在投資的過程中我們就愈有自信，愈不會因為市場的波動而搞得精疲力盡，甚至喪失信心、流失**

財富，最後退出市場。只要順著市場的一致性，就能像使用冷氣機一樣，順利達成我們想要的目的。

■ 多花心思觀察市場的一致性

因此，與其大費周章的預測變化多端的市場走勢，不如花點心思去觀察、察覺市場的一致性，對於我們投資的過程和投資績效將會更有幫助。技術篇將會提到股價趨勢的一些一致性來和大家探討。

高勝率的操作模型

真的有高勝率操作模型嗎？第22頁有一篇「紅心在哪裡？」請各位讀者先複習一下，這就是高勝率的操作模型。我就是用這方法操作股票的。在大多頭紅心很大的時候操作，如果你還會輸，就不用來股市了。

怎麼做呢？

1. 研判大勢多頭啟動。（這點最重要）
2. 多頭啟動後，找出幾個強勢類股，用固定的作多方式挑股票。（建議10檔以內）
3. 買進後設停損，然後持有。（停損點建議用最近的多頭浪最低點）
4. 每天收盤檢查，有碰觸停損點的股票隔天出清，沒到停損點就續抱。
5. 將停損出來的資金加碼仍然續抱的股票，或者重新選股買進。

6. 重複3.4.5.6.的動作，直到獲利滿足點到達逐漸出脫，或多頭有結束訊號全部出清。

7. 出清後休息，等待另外一個多頭再進場。

　　讓資金走多頭是很爽的事，這種方法的進出次數很少，都是停損砍單後加碼原有持股或換股，手上的股票沒有一檔是虧損的（因為虧損的股票早砍了）。資金能夠穩定成長，**讓資金走出多頭走勢，這就是輕鬆投資的魅力。**

■ 高勝率並非每筆都賺

　　股票只要碰上多頭，從走多頭的類股中去挑多頭股，都會有不錯的成績，這就是高勝率的模型，亦即找對趨勢，並挑上漲機會大的多頭股。

　　我只想說明一件事，高勝率的操作模型確實是存在的！而且有很多種模式勝率都很高。但有些人可能會誤以為所謂的高勝率就是每次買進必賺，這就是認知上的差異，想要每次買都賺，除非你的運氣特別好，個人認為這種聖杯是不存在的，就算有，恐怕執行的人其心態和作為也會打些折扣。

　　另外還有一種高勝率的操作模型，提供大家參考：等待步驟1成立時，去買指數型基金，或者買台灣五十，然後在步驟6獲利滿足點到達逐漸出脫，或多頭有結束訊號全部出清，這樣應該也是很有賺頭的，而且更省力。**操作只有七字訣：簡單、簡單、再簡單！如果簡單就能贏，也沒什麼不好啊！**

　　看文諸君可以自己想想，驗證看看可不可行？

　　股市不能靠運氣，還要有點基本功才行，看懂大盤就是基本

功，這點沒有掌握到，後面就會很難。有了高勝率的模型，只要調心適法，等待機會反覆的做，想要輕鬆投資賺點額外收入，用點心就可以達成。

學得越多才會知道自己懂得越少，一旦踏出追求夢想的第一步，就要盡一切努力，想成功就該好好準備，假如涉入自己完全不懂的事物，那永遠不會成功。

那麼，要怎樣判斷多頭將起？要如何挑多頭股、會漲的股？要如何做停損和換股？這都是我們要學習的地方。如果各位有興趣，歡迎翻翻羅威的第一本書《活出股市生命力》（聚財資訊出版），應該就可以了解判斷大盤方向的技巧了，有這些方法後，對方向的判斷應該也不會太差。

本書的技術篇也會有很大的篇幅來述說趨勢的看法，希望您會喜歡。

不利的勝算！

股市投資，是許多具有冒險進取精神的投資者最樂意涉足的投資活動，我們如果想要贏錢，必須先知道為什麼輸錢！就好比一個醫生給病人治病，第一件事就是先看病源，找到病因才能對症下藥。不知道為什麼輸錢，怎麼贏錢呢？找到輸錢的原因，把它克服掉，就可以贏錢了。

在我看過的輸錢原因中，有一種很特殊的輸法，就是為了取得號子的退佣或者較低手續費，而每月勉強交易到一定的金額。一億

的交易額可以退個七、八萬，這是一般的行情，如果你有幾百萬的資金，行情好的時候，短線進出很容易就達到退佣的標準，但是行情不好的時候呢？很多人就這樣為了達到退佣標準，沖啊沖的給沖死掉了。

■ 獲利率高於59%才有得賺

沒有退佣的更可憐，短線交易很容易不知不覺就輸掉本金，我們來算一下手續費。手續費＝成交金額×1.425/1000，交易稅＝成交金額×3/1000；一次來回是5.85/1000，**千分之5.85看起來不多，但是一年若交易100次，就是千分之585囉！一半以上的資金去掉了，也就是說除非你的年獲利率高於59%，還可以勉強打平，如果年獲利率不到59%，你就已經輸了！這麼簡單的東西，這麼基本**的常識，卻沒有人懂！

註 本算法是97年9月還沒有調降證交稅前的算法。

試問，號子能教你贏錢的技術嗎？他們會提供什麼專業服務給你嗎？事實上，這些短線客都是自己輸給自己，沒有人贏你的錢，你是自願奉獻給這些公司的。你沒有輸，真的沒有輸，只是你累死賠死，但你的營業員爽死了，你的錢被號子的手續費和繳給政府的稅金悄悄的拿走了。

每個認為自己贏了錢的人，拿出帳單一看，贏的卻不多？
而認為自己輸的不多的人，拿出帳單一看，怎麼會輸這樣多！

這是前些天和一位老朋友談到的問題，我說：你也不是菜鳥了，怎麼會不知道這個道理呢？

■ 頻繁進出　手續費高得嚇人

一百萬的交易，進出1次，扣掉5,585元手續費，真的不多。

一百萬的交易，進出10次，扣掉55,850元手續費，是有點感覺了，但也還好！

一百萬的交易，進出100次，扣掉55萬8,500元手續費，**還不多嗎？**

那麼你自己算一下，一百萬的交易，進出200次，你貢獻了多少手續費？有一個資本額呢！很恐怖吧！

股票是所有投資工具中，長期平均報酬率最高的投資工具，但是近幾年來，我的想法改變了。原因不是不再認同股票的高報酬率，而是我看到多數投資人投資股票的觀念及行為都是錯誤的，且十年來沒什麼太大的改變，還是傾向於短線操作、聽信明牌及內線消息，把股票當賽馬或賭博的工具。短線當沖，看起來風光又刺激，卻是不利的勝算！不知你想過沒有？

為什麼大資金的大戶一年只做少少幾次的進出？從手續費來看，大戶聰明、散戶傻瓜。所以我會奉勸大家不要太頻繁交易，趁你還沒賠光所有錢之前，想想看能不能減少進出次數，如果不能把交易次數減少！在不利的勝算下，趕快離開股市吧！

趨勢生命力

搶反彈的心理

買進就是為了將來有高價可以賣，賣出就是希望將來有低價可以買，股市不過是籌碼拋來拋去的戰場。籌碼從發散到集中，又從集中到發散，最終目的是讓散戶持有高價的籌碼，也就是說要在高價區套給散戶，這是股市不變的遊戲法則，大咖只是炒熱場子的作手而已，玩一玩總會想辦法丟給散戶。

羅威說，搶反彈的先決條件是，你知道它可能要反彈、會反彈，否則憑什麼去搶？

想搶反彈恐怕也要跌得夠深、賣力竭盡、指標過低才可以搶它一下，而不是在下跌中天天想要搶反彈。 既然是在搶反彈，當然要搶了就跑，尤其在空頭中搶反彈要眼明手快，盤中有盤中的反彈，短線有短線的反彈，各種訊號皆不相同，技巧也不同。搶了反彈，有可能量能不繼、該強不強、盤勢不如預期，所以要有賺就跑。

有人問搶反彈的資金控管怎麼做？

通常期指操作我進場只準備輸兩萬，以反彈來說，停損點若離我的進場點有90點，就只能搶一口；如果停損點離進場點是25點，就可以進4口，以此類推。先決條件是停損點可以預先掛單才行。

我知道有人偷笑，認為如果知道真的會反彈，就應該重倉押下去，明天來個100點的跳空就賺死了，就算只跳20點也很迷人。嘿嘿，羅威也超愛錢的，我當然比你更知道這個道理，但是我只用輸得起的錢來操作，萬一明天是往下跳空200點呢？重倉的你被追繳、你斷頭出場了，我還活著！差別就是這樣而已。

活著比什麼都重要，錢沒了，功夫再好、行情再大都沒有用。

記得當時年紀小

　　希望能夠找到一個可以操作的技術，可能是技術分析者的目標，所以不斷的研究、開發新技術，企圖解釋行情，也是理所當然。

　　84年接觸到大師資訊的錢塘潮軟體，裡面有選股程式的編寫工具，在當時這軟體已經是很先進的了，只要依照方式選擇排列好所要搜尋的條件，電腦就可以找出符合的股票。我很快的就設計出找飆股的條件，冀望他能夠天天提供我飆股，然後大賺一番，目的有沒有達到？有，但飆股程式選出來的股票未必會飆！

■ 價與量才是不變的參數

　　於是我又寫了很多程式來篩選、過濾，我可以保證，所有的飆股我都可以用選股程式找到，但是選出的股票多如牛毛，一天用各種程式選出的股票，統計起來可能多達200～300檔，這樣多！怎麼買？於是有和沒有一樣，所以我才會說「**會飆的股票長得都一樣，但長得一模一樣的股票未必會飆。**」

　　同樣的道理，我也看到很多朋友在用技術理論時總會發生：這條均線不行，改設另外一條均線；這個參數的指標不好用，改用另外一個參數；這樣的週期不好用，改換另外一個週期……，換來換去就是希望能抓住行情，這精神是可嘉的，問題是效果如何呢？Who knows？

　　如樂透球是圓的，誰能知道哪一個號碼會跳出來？寫個程式來算六合彩的號碼，嘿嘿，這些愚笨的工作羅威都做過了，如果可

趨勢生命力

以，我在六合彩的簽注中早就發了，今天就不會在這裡了！股市是投資人心理的表現，個股有主力控盤，誰能真的知道哪一檔是飆股？如果真能用電腦選出飆股，大家也早就發財了，不是嗎？飆股是需要不少運氣才買得到的。

■ 用左邊猜右邊　但沒有絕對

20年的股市研究發現，這些股市理論包括基本分析、技術分析甚至電話線，都有一定的準度，但並沒有絕對，所以**我們必須定法依法，只要執行既定的方法和買賣規則就好，不必為了適應行情而去改參數，也不必企圖發展新的指標和方法，那都沒有用，因為漲跌的根本不在那裏啊！**千金難買「早知道」，世上沒有「後悔藥」，左邊的圖不一定能重來，右邊的圖還沒看見，你能把握的只有現在，技術就是要用左邊來猜右邊，找機率大的然後等待就是了。

股市裡面有兩樣東西是無法改變參數的，一是價、二是量，這是股市的根本。

股市操作應該簡化到只掌握不動的量、價元素，在不動的操作原則和紀律下，作資金部位的伸縮，並利用前人的發現和流傳已久的知識，找到你要的操作週期和形態，然後定法、依法適時的切入和賣出，資金控管和部位伸縮，這永遠是在股市生存最重要的課題。

賠錢要跑，賺錢要抱

字面上來看，這兩句話簡單易懂，但是在真實的操作中，要做到很不容易，如果你能做到，那我可要恭喜你，因為不用說都可以知道你一定是位快樂的投資人。

我常常碰到投資人說這樣的話，說他什麼被套牢了、套在幾元，還有什麼也套牢了，只剩下1/3，如果有兩、三個股友聚在一起談到套牢，就可以聽到他們互相比賽誰套得深、誰套得久，誰虧得比較多。

我問：「剛虧錢的時候為什麼不跑？」答案有很多，比較常聽到的是：

1. 叫我賠錢賣，簡直是要我的命，賠錢到死都不賣！
2. 反正是閒錢，就讓它套吧，總有一天會回來的！
3. 當時上班沒有看盤，所以不知道要賣。
4. 如果賣到低點怎麼辦，不是嘔死了！
5. 基本面還不錯啊！可能只是回檔而已吧！
6. ……

賠錢要跑！來股市是為了賺錢，沒賺都嘔死了，還要賠錢賣？這簡直是違反人性！沒錯，股票投資本來就是違反人性的事，有錢不好好享受還拿來股市丟；而虧錢不跑掉以求保本，這也是違反人性啊！

對於上面那些投資人，我總會唸經給他們聽，雖然我知道他們不一定聽得進去，但我還是要唸，不只唸給他們聽，也唸給自己聽，提醒他們也順便提醒自己。傑西‧李摩佛（Jesse L.

趨勢生命力

Livermore)的《股市作手回憶錄》中有很多經典的話，其中一句我很喜歡，「照顧好虧損的，獲利的股票自己會照顧自己」。

■ 虧錢股票快快出脫

對於虧損的股票，我的做法就是小虧就賣掉，然後忘掉我有這檔股票，手中只留下賺錢的，如此一來，我手中永遠是賺錢的股票，不管他們賺多賺少，反正都有賺錢，心情也爽快多了。**投資應該是快樂的事，看到賺錢就會快樂，所以要把快樂留在身邊。**

但是很多人的做法是賣掉獲利的股票，然後把虧損的留著，虧損本來就不會快樂，把憂鬱留在身邊，看它愈跌就愈不高興愈痛苦每天哀聲嘆氣的，這樣的投資人作起股票怎麼會快樂？

了解了嗎？如果下跌會讓你痛苦，上漲會讓你快樂，那為何不割捨掉痛苦，留下快樂就好？

如何賣掉虧損股？

1. 買了以後一直都不漲，就賣掉吧！
2. 如果你進場的條件不見了，就賣掉它吧！
3. 如果你有設停損點，那當停損點出現的時候就賣掉它吧！
4. 當虧損會影響你吃飯、影響你睡覺，影響你和家人的心情，這時候最好的處理方法就是——**賣掉它吧！**

不管是多頭、空頭或是盤整，都會有上漲股，也會有下跌股，賣了漲、不賣卻一直跌，這當然是常常會碰到的問題，要讓賺錢成為習慣，就要先去除壞習慣，**賠錢要跑，賺錢要抱，**這不只是操作法則，也是人生哲學。

沒有煞車的車子你敢開嗎？

電視、報紙常常有這樣的新聞：「XX地方又有車子翻覆，因為煞車失靈，翻落山谷，死傷X人……」，十次車禍九次快，每回遊覽地區發生的大客車翻覆，總是以下山時煞車失靈居多。**停損機制就如同煞車系統，碰到危險時，踩住煞車才可以讓車子停下來，避免危險**，不設停損的投資方式，猶如開著一部沒有煞車的車子，是非常危險的，尤其在下山的時候。

賠錢要跑，賺錢要抱，這個「跑」就是煞車，但煞車板就在油門隔壁，有的人不踩煞車板反而踩油門，沒有停損反而加碼！現股買完換融資，融資買完再去借錢也要買來攤平，有沒有這種人呢？有，多得很呢！

■ 加碼攤平　小心躺平

加碼攤平，這是一般人很容易就使用的手法，50元買一張，跌到45元多買兩張，跌到40元再買五張，這樣平均成本就立刻降到42.5元，只要反彈到42.5元以上就解套了，這種簡單的算術不必人家教，大家都會算。通常，在大多頭的時候運用這種方法大多會成功，不但能解套還會賺到錢，所以很多人就習慣了。

但到了空頭時期，這樣就太危險了，因為下跌的趨勢不一定有機會讓你回到平均價上面解套，既然攤平是為了解套速度快，因此只要有反彈就應該賣出，但往往看到反彈，以為又要回升，他又不賣了，反彈後再跌才又懊悔！於是你又往下攤平，35元買10張、30元買20張……，我不知道你能買到什麼價位？有沒有那麼多錢可以買？

趨勢生命力

　　當然，也有人是故意讓他套的，前提是要對要買的股票之產業面和基本面有很深入的研究，並且有一定的進場和出場方式，也有閒錢完全不融資用現股買，這樣的人才能夠用這種以時間獲取利潤的布局法。

　　另外，第48頁提到的「很另類的暴利投資法」則是不設停損的投資法。**不設停損其實就是資金嚴格控管，並且買進之初就抱有下市或投入資金歸零的心理準備，才可以這樣做。**

　　這兩種方式不是人人都可以學得來的。

　　還有一種人也從來不設停損，那就是公司的大股東、大老闆，其為了經營權不能賣出太多股票，只有一種狀況例外：當業務無法維持下去時、會停止營業關門大吉時，這就不在討論範圍了。

　　我們再回頭檢討上面的例子，50元買1張，結果跌到45元，如果砍掉停損出場，後面的問題都沒了，伸頭是一刀、縮頭也是一刀，「一刀剪掉三千煩惱絲」，不必煩惱會不會再跌？不必煩惱加碼的資金哪裡找？……等問題。然後再找其他可能賺錢的標的，多空都可以重新介入，只要能賺到5元，你虧的錢就救回來了，原先那支股票跌到哪，關你何事！

　　股市是「金錢」的遊戲，不是「股價」的遊戲，要扳回來的是你的「錢」，不是「股價」，很多人看不透這一點，偏偏要和股票談戀愛，而不換股操作讓金錢解套，一直癡癡的抱著，想等股價回來，萬一它一去不回頭呢？要鎖到金庫去嗎？

　　以我和投資人談話的經驗，在空頭格局中加碼攤平的投資人，通常會在加碼到受不了的時候，將股票砍在最低點，請你注意看看，你或你身邊的人是不是很多這樣的情形？

挑戰萬點是大行情？還是大陷阱？

2007/07/07

每個人一生都有幾次賺大錢的機會，但是當機會來時，你是否已準備好？用功、資金管理是前段的準備工作，而耐心正是後段能否收成的關鍵。

台灣這幾年負面消息充斥，政治紛擾、資金外逃，民眾信心全無、惶惶度日，然而五年下來，卻有一批人默默賺錢，財富翻兩番，再一次悄悄的財富重分配，猛一回頭，才發現股、房市低點已過，萬點近在眼前！

今晚稍微瀏覽了一下版面，很高興大家還很樂觀，羅威也很樂觀啊，不過在樂觀中，我仍保持相當的戒心，手上只留半數的現股，在這位置我抽出一半的資金，不敢全力投入，看到有些人訕笑不敢買股票的人，並且有更多人附和，讓我想起我剛入股市的情況。77年到78年一年間，我雖然只是市場菜鳥，但因為是個大多頭，卻也賺了不少，說是贏家也不過分，累積了一些經驗後，談起股票也頭頭是道。

◳ 搖擺沒有落魄的久

老實說，78年股市第一次上萬點之前，我笑得比現在這些人更大聲，不僅滿手股票，當時股票好賺到就差沒有把老婆、孩子抵押到當舖，借錢來融資買進，也會笑那些不敢進場的人膽小，不屑與之交談。結果呢？搖擺沒有落魄的久（台語），幾次中級回檔，把我的獲利洗得乾乾淨淨，最後衝上12682那一段，我更把預購屋的準

67

趨勢生命力

備款拿來買股票，這犯了把需要用的錢拿來投資的禁忌，還好因為
房子建得快，賣股繳款抽身得快，不然後面那八個月的崩盤行情，
可能讓我連遮風避雨的地方都沒有了。

台股第一次上萬點

下圖12682之後八個月，跌掉一萬點！看好喔，是八個月而已喔！

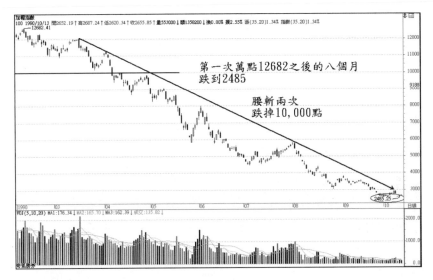

那次的萬點崩跌，股價腰斬再腰斬，不知腰斬了幾次，全台灣的融資散戶差不多都斷頭了，沒斷頭的也只剩一口氣。本來在股市賺到不少錢、可以輕鬆現金購屋的我，最後還要辦理部份房貸才能交屋，從此開始成為銀行的奴才。

第二次上萬點

86年台股又上萬點，這回我學乖了，9000點以上就落跑清光股票，連電視都不看，報紙也不拿，有空就去游泳、爬山，但還是會聽到同事及朋友在討論行情，熱絡得很，行情天天開高走低卻一直漲……，這回換我被笑沒膽，被笑是縮頭烏龜。

趨勢生命力

同事和號子裡的朋友每天開盤就賣,收盤前就買回來,沖得不亦樂乎,天天吃香喝辣,股票上萬點了我不會羨慕嗎?會喔,羨慕死了。但是一個月後,笑的人笑不出來了;兩個月後,一萬點只剩下7000點。

那些吃香喝辣的人反而哀聲嘆氣,在偷偷哭泣了⋯⋯

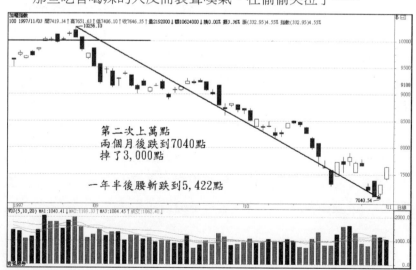

第三次上萬點

　　這樣的循環還再來一次，你相信嗎？哪一次行情熱絡的時候不是超大量？哪一次行情熱絡的時候不是天天紅得發紫？哪一次大漲的時候大家不是信心滿滿？

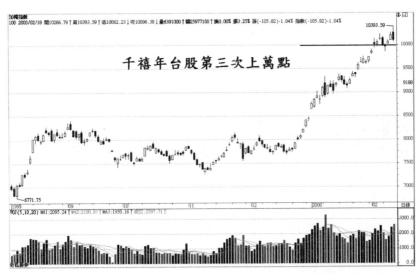

千禧年台股第三次上萬點

　　但是，上山後總要下山，爬山不是一直往上爬，而是上了高山又到谷底，一山過一山的往上走，多空循環不息！這樣的大跌又來一次，是股市的規律？還是突發事件？別以為你一定躲得過，別以為看到長黑再跑都來得及，當山洪爆發時，你真的會跑得比洪水快嗎？

趨勢生命力

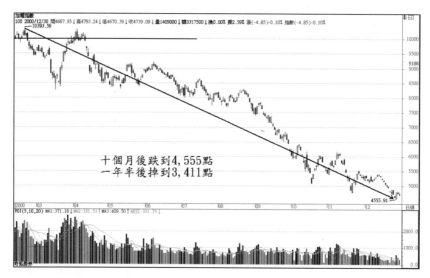

十個月後跌到4,555點
一年半後掉到3,411點

台股這三次萬點，是多少人的傷心回憶？也許，經歷過這些的人已不在人世了；也許，這些人已經擦乾眼淚，在別的地方繼續奮鬥了；也許，他們也和羅威一樣，在某個地方提醒投資人股市曾經有過這樣的故事。

經過這三次萬點還在股市的人，應該不會忘記這些切膚之痛，這也是為什麼江湖愈老，膽子愈小；2000億的量出來了，怕什麼？天天收紅，週週紅K，怕什麼？這些話，就好像是以前的我在喊的話，今天聽起來真是感觸頗深。

人不輕狂枉少年，就像小時候老祖母叮嚀，天空有烏雲就不要到溪裡面玩水，小心山洪爆發，被洪水捲走，可是愛玩的孩子，有誰聽得進去呢？

每次豪雨，每次颱風，災情裡面總有人被溪水沖走！為什麼呢？經歷這樣多的教訓，總有人還會拿生命開玩笑？

■ 高處不勝寒　小心再崩跌

有一就有二，無三不成禮，有人說台股已經三次萬點崩跌，厄運已經過完了？也許吧！

這篇文章和六張圖，主要是看到版面上的反應，和我78年經歷第一次上萬點的心境有點類似，自大、輕視、嘲笑……，今天聽起來，和之前的我兩相對照，真是感觸頗深！所以作一歷史的回顧，並不是要預測後面的行情，只是把個人最近看法為何那樣保守的原因說給大家聽而已。

股市會走自己的路，面臨三次萬點大屠殺的地點，羅威寧願小心再小心。老的老步定，寧可少賺，也不願冒險。一些傷心的回顧，一把辛酸淚，說與誰人聽？後面應該有大行情，但應該是屬於往下走的這種大行情，而非上萬點的噴出行情。

當類股輪動快速的時候，只能嘆「勇敢的人挾去配吧！」

廉頗老矣，尚能飯否？

註 本文是在2007年7月7日，看到網路上大家一片看好萬點行情，年輕人一副不怕死的模樣，因而有感而發。

基於對國家經濟的憧憬，和股市多年走多頭的基本看法，我相信萬點不是夢，也相信台股將來一定會創下歷史新高，甚至更高。但是，萬點高山不是那樣好爬的，萬點之後的行情也不是那樣旖旎的，寫下這些歷史紀錄，就是希望大家登山要小心，這幾張隨身必備的地圖請帶著，畢竟高處不勝寒啊！

趨勢生命力

買賣股票不能光憑運氣

　　1988年我剛進入市場時，台北重慶南路的書局只找得到少數幾本股票技術的書籍，大家都不懂技術，只能天天看報紙或用耳朵聽別人講明牌，追高殺低胡亂進出，賺錢是靠運氣，當然也賠了一屁股，完全不知道該參考什麼才能讓我可以在市場中贏錢。

　　後來有人教我一些均線和多頭浪、空頭浪、高低點的技巧，總算知道一些皮毛，接著又陸續上了不少老師的課，學了趨勢線、KD、MACD、RSI、量價關係、K線、週期……等等，84年以後股票技術的書籍就很多了，在這些書籍中，慢慢就發現技術分析的妙用，至少有個工具可以參考，進出總算是有所依據，而且也真的能賺錢，和朋友談股票也有一些話題可講。

　　曾經我這樣想過，我們從小到大花那麼長的時間唸書，國小六年，國、高中六年，大學、研究所又六年，在漫長的歲月裡，這樣辛苦了十八年，所為為何？讀這麼久的書，也不過是為了取得基本知識，作為將來謀生的技能罷了。

　　這樣長時間的學習，是為了吸收前人的知識，前輩們以口耳相傳或文字記載的方式，將各方面的生活經驗與教訓，一代一代流傳下來，後人再將這些智慧結晶化為自身的知識、能力，用以謀生致富並加以改造自然環境、貢獻人群。

　　那麼我請問你，你想要學習股市操作技術的目的是什麼？除非你認清這一點，否則你無法做出任何明智的行動，就算你學很久、很多，也不會有任何效果的。

　　你或許會回答：「為了賺錢啦！」對的，學習股票操作技術的目

的是為了賺錢，如果學了以後不能賺錢，那幹嘛在上班之外還要買書來看，甚至去參加講習？可以用這個技術去賺錢，才是所有學習者共同的需求，但我再問你另一個問題：「學習後一定能賺錢嗎？」

學了技術就一定會賺錢嗎？

這個問題，就像你到駕訓班學開車，你問教練「學了駕駛技術以後都不會發生車禍了嗎？」一樣，都是很笨的問題，因為股市的變化比泥鰍還滑溜，股市操作的技術不像修理汽車，有制式的工具和標準作業程序，該敲的敲、該打的打、該換的換，這樣就好了。

如果到駕訓班學會開車就不會出車禍，那真的是太好了！同樣的，如果學了技術分析就一定會賺錢，那全世界到處都是富翁了，各行各業都將蕭條，大家都來學股市的操作技術就好了！老實說，贏不贏錢和你學不學技術分析並沒有直接的關係，但是和你操作的心態卻有絕對的關係。

所以，不要以為到教練場學習開車技術就可以避開車禍，不要天真的妄想靠幾本書、學到幾個操作技術就能在股市發財，這是不可能的。技術分析不過是使用者將過去股市的現象做一個比較有系統的統計和整理，讓我們有較高的勝率和方法可以依循而已。

每一本技術分析的書都是作者對股市技術的整理和陳述，告訴你一些有股市現象和規律，不是教人投機取巧，當然也不保證賺錢。這本書也是如此，因此希望各位看本書時，千萬不要認為有什麼葵花寶典、武功祕訣或者發財秘技，請以平常心看待我所告訴你

趨勢生命力

的一些股市現象，這是我的期望。

股市變化多端，交易永遠不可能跟數學一樣，代入公式就可以得到相同的答案！羅威看過好幾百本相關的書，也跟過好幾位老師、做過幾年的教學，我知道每個參與學習的人，包括我自己，都是為了尋找市場操作的「聖杯」而來，希望能破解市場的奧祕，開採這取之不盡的寶藏。

不管城市或鄉村，我們都可以隨時進入股市交易，我也相信人人都有機會達成在股市獲利的目標，說真的，學習股市的學問並不困難，但如果你因此就認為賺錢也很簡單，那就大錯特錯了！很少人能夠真的學好，學好之後能夠好好做的更少，這就和開車會不會出車禍一樣，絕對不是技術的問題，而是操作的人心態的問題。

技術分析在幫我們找出致勝的機會

舉個簡單的例子，在學校老師用教科書教學，大家也都看同樣一本書，但是有人考高分，卻也有人考不及格甚至零分，這是什麼道理？再如，你寫好一篇三百字的短文，突然不小心被刪掉了，請你再重寫一遍，內容會不會完全一樣？不可能，除非你是用複製貼上的！

所以，不要天真的認為大家都用同樣的技術，其結果也會一樣，因為每個人操作的心態不同，結果就不可能相同，就算是同一個人用同一種技術，在不同時間操作同一個商品，結果也可能不一樣，這是事實。

有些人學習的目的，是想使自己的分析能夠抓到每個波段的高低點，想要把曲線拉直，一千點空間想要賺兩千點或三千點，追求出神入化的一流水準；有的人喜歡長線、有的人喜歡短線；有的人資金雄厚、但大部分的人卻不是；有的是業餘的投資、有些人卻做專業的操作；有人喜歡冒險、有的人又不喜歡……太多狀況了。

就好比一樣的菜色，不能滿足所有人的胃口；同樣一支筆，不同的人寫出來的字體就不一樣；讀書的時候，同一個班級、同一個老師，教學也用同樣的教材，但學生考試的成績高低就是會差很多！

相書裏有一種「八卦論命」，據說只有其中一卦的人有機會在股市賺錢，以比率來說只有15%！你是其中之一嗎？

所以，雖然我對這套操作方式所指出的致勝機會很有信心，我也盡量作詳盡的解說，但還是希望各位讀者千萬別指望一本書就可以滿足你的賺錢期望，這是不可能的。他們只能告訴你一些東西，讓你更貼近市場。

能幫你賺錢的是你的心態

另外，容我說句真心話，一本書我花一年多的時間寫作和編輯，期間要修正好幾次、校對好幾遍，送稿後還要再校對兩次以上；但一本書看得快的人可能只需花兩、三個小時或半天的時間，慢的人頂多兩、三天就可看完，你花的時間和心力絕對低於我很多。我這麼多年的體會，花那麼多時間寫的東西，除非你和我一樣看過十次以上，否則怎麼可能你在短時間就能完全吸收呢？

趨勢生命力

　　不過，看完這本書，你大概已經了解一個長線技術的關鍵，中長均線的力量是很大的，雖然看起來簡單，但真正能照著做的人少得可憐，因為要修練這樣長線的操作心態，可能要三年五年，甚至有許多人一直到終老都不一定能做到。

　　儘管台灣的技術分析相當盛行，但是股市的贏家仍然很少，二八法則仍然不會因此而改變比例。技術研究到最後，你會發現根本不是技術在幫你賺錢，而是你的心態在幫你賺錢，是你投入的資金在幫你賺錢！如果沒有投入資金，沒有健康的持股心態，分析行情一點益處都沒有，就算你用的是世界上最頂尖的技術分析方法，還是一樣賺不到錢。

　　股市新手一開始會很注意技術面的書，以為技術面的東西就是股市的一切，到了中後期才知道股市就是生活，心理層面遠比技術面重要，因此，好好建立自己的投資心態是非常重要的。

　　技術分析，只是幫你指出較高勝率的機會，它可以告訴你何時該進場、該買多少，在熟能生巧，在優良技術背景下，你的信心會增加，最後，敢於下單和敢抱住的心態，才是決勝負的所在。

震盪時期的操作心態

　　記得兩年前去高雄聚會，股癌兄告訴我，盤整的時候寫解盤稿件最笨，說要漲，明天跌給你看；說會跌，明天就漲給你看，簡直是兩邊不討好的事，又不是投顧，沒有發稿的壓力，講它幹什麼？盤整就靜靜的看它怎樣震盪就好了……！

　　是的！不但寫稿的人該如此，操作上更該如此，盤整盤，就靜靜的看就好了。

　　其實，不論在什麼時候都有震盪，只是週期大小而已。一根紅通通的日K，它的短線可能高低來回好幾趟，這是極短線的震盪；一根月K裡面，同樣會有日線級數高低劇烈起伏的震盪，這是短線的震盪。震盪不限於高檔，低檔一樣也是大震盪，中段整理的震盪也很大。

■ 短線忙進忙出　所賺不多

　　震盪容易讓人追高殺低，或者高出低進的想要做些短線價差，這是必然的，尤其看盤的人看到這麼大的幅度，不會手癢的大概很少，都會想「能夠做些當沖不知道有多好！」，但如果價差有那麼容易賺，主力作手也不用玩了，因為他們的手續費和利息就是靠這個來支付的，若給當沖客搶光光，他的成本不就墊高了嗎？如果你是主力，會不會想要修理這些人？如果可以修理當沖客又可以洗出籌碼，主力做不做？

　　嘿嘿，答案很簡單吧！

　　那麼，你有沒有辦法在短線上做贏主力又保住籌碼呢？很難吧！

　　因為**當沖或者短線進出很容易失去你的低價籌碼**，例如一檔30元的股票你35元賣掉，回到34元又接回來，這時候只要股價跌到33.9元以下，你就會開始心急，因為已經跌到你新的成本以下了，再往下殺到32元，離新成本34元虧損更大，你就會賣了，然後股價又扶搖直上到40元，把你氣死。

　　但是如果你一開始沒有賣，你的成本仍然是30元，就算殺到32元，依然還是賺錢，賺錢的股票就容易抱牢，後面漲到40元就得到了！這兩者一比差別就大了。

趨勢生命力

很多人忙進忙出，看似有賺，卻賺不多，大部分都是短線惹的禍，你相信嗎？

能活著真好

西洋人結婚的時候，牧師都會問新郎和新娘這句話：你願意和XXX白頭偕老嗎？當朋友和我談股票的時候，我也常常會問：你願意和股票白頭偕老嗎？當然答案很一致的都是：「我願意」。

但是往後看，多少在教堂講「我願意」的人，結婚後開始吵架、暴力相向？又有多少人中途離了婚？所以能夠白頭偕老的人，真的是不簡單的婚姻高手，對吧？

常常有人在版面上討論「高手」這兩個字，我不知道各位眼中的高手需要什麼條件，投資競賽第一名要拿很多獎牌才是高手嗎？還是要賺很多很多錢才叫高手？有人能把高手的定義說出來嗎？股市也和婚姻一樣，多少人中途跌倒？多少人中途被迫退場？**所以股市高手是──當你決定金盆洗手時，你的帳戶擁有後半生足夠且可以花用的錢，就是股市高手了。**

■ 有正確的投資觀　才能長長久久

羅威所認為的高手是，有「正確的股市投資觀」，並深植在腦海中，**他們在股市交易不過是不斷做正確的事，並比普通交易者更能深諳「進退有節」的交易之道。**高手能夠與市場的趨勢共舞，大趨勢押重倉，小趨勢宜輕倉，沒趨勢就觀望；如果方向與市場相

左，也能很快發現，並在第一時間擺脫錯誤，是該衝就會衝、該守就會守的人。存款簿上的數字會給那人安定與成就感，其所言所行無形中就流露出內在的深厚功力，和這種人談上幾句，就會驚覺他是股市高手級人物。

我不知道這樣的定義對不對，但依我多年的經驗，一個大多頭行情會造就許多賺很多錢的高手，但是一個中級回檔，也會讓很多自認為賺很多的高手陣亡。從前的四大天王，老雷、阿不拉、威京沈、榮安邱，都是名盛一時的主力高手，賺到的何止金山銀山，如今呢？主力大戶都會因為資金控管不當而消失，何況是身為散戶的我們！一波千點大回檔，我想理財版面上或者你身邊就可以找到不少高手消失的例子，能夠不唏噓嗎？

■ 早晚要進場　何不早進場

對於股市投資，我個人的想法是，如果能夠一輩子都不進來交易，做個守本分的上班族那也不錯，畢竟能在股市中賺到銀子的只有少數；若非進來不可的話，那就早點進來，年輕總是比較有輸的本錢，如果有什麼萬一也比較容易東山再起。**最怕就是退休後才要進來，有錢沒技術，通常不用多久，本錢就去掉一大半**，若愈輸愈不服氣，恐怕就離破產不遠了，如果把老本都輸光，日子要怎麼過下去？

股票很迷人，可能你一生都會從事股票的買賣，你也有很大的機會實現你的夢想，前提是——你沒有中途陣亡。就像業餘馬拉松賽跑，只要認為自己能夠跑，就可以報名，但很多開跑時跑在前頭

的，後來有很多都沒有跑完全程，有些跑者也只是跑好玩的，跑沒多遠半途就退場休息了，能夠有體力和毅力跑完全程的，就算花的時間比別人長很多，也都算是高手，都會得到掌聲。

　　股市這條路很漫長，不是比誰賺得快、賺得多，而是比誰活得久。有一天，當你看到周圍的人都被迫停止比賽了，你就會了解，在股市裡面「能活著真好」。

投資是自己對自己負責

　　股市是一個很妙的東西，大家坐在電腦前面，你看不到對方，對方也看不到你，你下單買賣，卻不知道你買了誰的股票？也不知道你的股票賣給了誰？你賺錢了，不知道是贏了誰的錢？你虧損了，也不知道輸給了誰？到底要怎樣才能在股市賺到錢？就是**要學會獨立的制定自己的決策，學會如何設停損、敢停損，敢賣出，捨得賣出，知道股價的來龍去脈，並學會掌握方向和應對的方法。**

　　有一天我在中庭靜坐，吹著涼風，看到一個老祖母帶孫子來中庭玩，小孫子跌倒了，哇哇大哭，老祖母趕快跑過去，但她沒有先扶起小孩子，反而徒手用力的打著地板，說道：「都是你！都是你！都是地板沒有平啦！害我小孫子跌倒！……」然後小孩子才心不甘情不願的站了起來，用力地踏著地板：「都是你！都是你！」

　　我看了不禁感嘆，那是平坦的水泥地，跌倒了就把他牽扶起來，囑咐他以後走路小心點不就好了，幹嘛怪罪地板？這種不正確的教育，只會讓小孩子長大後凡事都怪罪別人。

◾ 怨天尤人，是賺不到錢的

在財經網站的討論區也經常可以看到這樣的人，虧了錢就大力撻伐，回文要人交代，我看了也真是搖搖頭，誰保證你一定會賺的？大家都是來互相探討、互相研究的，當你因為聽別人的明牌而賺到錢的時候，你有給對方任何回饋嗎？如果沒有，那憑什麼虧了錢就把罪過推給對方？如果大家都是這樣，那麼以後就沒有人敢提出股票和大家討論，也沒有人願意告訴你股票了。

投資是要自己對自己負責的，對於股票要有自己的篩選能力，進場前就先想好退路，如果做不到，對別人提供的股票看法最好連看都不要看，因為賺不到錢就責怪別人的人，就像那位老祖母的小孫子，永遠長不大。

要賺錢要先學會停損

錯過賣點該怎麼辦？

若是因為不知道當時是賣點而錯過，虧損發生時，我的第一建議就是賣出。如果知道是賣點卻沒有賣，有可能是你心中有期待，希望他回到高一些的賣點讓你賣，那就請期待，然後你會發現自己一次又一次的錯過賣點，追究其原因，就是你根本不想賣！

任何方法、任何股票都免不了因失敗而產生虧損，假如不設停損，即使你有再多錢也禁不起這種無底洞的虧損，我想被追繳過保證金或斷過頭的人都知道，這真的是一種無止盡的痛苦與夢魘，絕

趨勢生命力

對是讓你痛不欲生的壓力。錢沒了，讓你玩也不是，不玩也不是，只會讓你悔不當初，「日子過得好好的，幹嘛要貪心玩股票呢？」

■ 要留住下回進場的錢

學技術分析也一樣，不管看書或者找老師上課學習，都要知道沒有百分之百成功的方法，充其量只是讓我們更快速且有系統的了解方法、學到別人的實戰經驗而已，是否真能賺到錢，端看你努力研究與否。**股票只學會方法是不夠的，重要的是要學會應變的能力，及能否把學到的技術和觀念成功地整合成自己的操作方法。**懂得行進間的應對之道，才能在股市裡吃大賠小、永保安康，才能真正留得住賺到的錢，也才有機會再去賺下一次的錢。

七分努力、三分運氣，賺了當然高興，虧了也可以再繼續研究，找出缺點，讓自己成為自己的專家，這樣才會成功。自己下單自己負責，凡事要拿得起放得下，能保留下回進場的資金才會有後路可走。

一錢、二膽、三技術

記得讀書的時候學英打，剛開始是一指神功，要看著鍵盤一個字一個字的敲，後來老師嚴格的拿著藤條打手背，才漸漸習慣用十隻指頭打字。經過這種訓練，在我開始上網打字的時候，雖然我只會注音符號，但一開始就能用十根指頭而不是一指神功，或許很慢，但練習久了也能夠應付聊天室的聊天速度。

　　成功的交易者，通常會忘記自己是如何得到目前的成就，這一點也不足為奇，就像打字一般，**到最後，很多交易技巧對他們來說早已不再是技巧，而是一些潛意識動作，不需思索即可完成。**

　　交易是一輩子的歷練，而且永無終止之日，這和其他事業是不同的，隨著觀念不斷的進步、交易能力的提升，你的人生將變得更美好。**這二十年來，我個人深深的體會「人是英雄，錢是膽」，有錢才有技術，有錢才有策略，有錢才能賺錢。**

　　很多人以為有錢就可以進入市場成為贏家，後來卻落寞的出場；有些人以為鑽研技術就能成為贏家，結果也敗下陣來。為什麼呢？因為股市不是暴虎馮河的所在，它**看似鋼卻柔如水，有一定的位階架構、一定的多空循環及一定的漲跌道理**，有錢、有技術還不夠，一定要有膽才行，而這個膽就是所謂的「心態」，面對盤勢的心態、面對漲跌的心態、面對輸贏的心態、……等等。

　　也許你會問我，交易心態、交易技術和資金管理何者最重要？我請你想像一下坐在三腳凳上的感覺，正常的三腳凳坐起來很平穩，但如果拿掉其中一隻腳，就沒人能安穩坐在凳子上。所以，**你說這凳子的三隻腳當中，究竟何者最重要？**

　　如果一定要選一項，我會選資金管理，因為資金管理不好，技術和心態就很難練好。也許你擁有一套優異的交易系統，但如果你的資金管理很糟，那麼，你絕對會虧本；如果沒有良好的資金管理系統，只要一筆倒楣的交易就可能摧毀你的交易帳戶，讓你從此倒地不起。

趨勢生命力

談談資金控管

  小時候家裡開了一家小拖鞋店，一打鞋子大概可以賺兩雙，這是當時媽媽定價的標準，外務員大概兩週或一個月來一趟，缺貨就叫貨也滿方便的，因為花色眾多，每樣叫個一、兩打，小小的店面就快沒地方放了，從來沒想到要做些庫存之類的事。

  有一回，中國強球鞋的外務說可以切到很便宜的貨，大概只有平常批發價的一半，問媽媽要不要買，前提是一次要叫100打，也就是1200雙，而且要現金。在當時，中國強球鞋的電視廣告做得滿大的，是很熱門的商品，這種價格很讓人心動，於是媽媽籌錢買了100打，把小倉庫都給堆滿了。但是鄉裡面只有三所小學加一所國中，而這種高檔鞋，鄉下人買得起的也不多，所以，雖然努力推銷，但這100打鞋子賣了五年還沒賣完……。

■ 夠用就好，不可太貪

  記得媽媽說，當時把資金差不多全部用來買這批鞋子，店裡差點週轉不靈，其他業務員的請款也都拖延到了，資金調度變得很辛苦，後來標了一個會，自己還另外起了一個互助會才解決，如果那時不貪便宜買了這麼多庫存，就不會有這些問題了。所以後來對於錢的事，媽媽總是告訴我「夠用就好，不可太貪」，而我也一直引以為鑑。

  股市也是這樣，對走勢永遠要有敬畏之心，不要看到大好就全力買進，將本求利，要掌握你能看到的、能吃到的，留些可用資金，進可攻退可守，永遠保持彈性。每個人對行情看法不同，以前

就說過，銀行貸款和融資全梭、大力買進的人會笑我膽小，被笑就被笑，沒什麼大不了，一個中級回檔之後，笑臉變哭臉的總是一大堆，看太多了。

■ 資金要怎樣控管？

說真的，資金控管這題目還真大，但是也可以縮得很小，資金要怎樣控管？這牽涉到你有多少資金。如果你的資金很大，只要做好資產配置，可以投資的地方可多了，土地、房市、公債、定存、外幣、基金、保險……，管道一大堆，這個不談，因為我想資產夠大的人，基本上都已經有一套理財規劃了。

我想說的只有——散戶已經投入股市的資金要怎樣做控管？基本上我會建議你：

1. 用閒錢投資，有多少錢做多少事，不怕錢少，就怕沒錢。
2. 不要借貸、不要融資買股票，利息和還款負擔會增加你的操作壓力。
3. 分散，股票要分散，不要押孤支。做期貨也要分一些錢做股票。
4. 最多投入七成，永遠要保留三成資金，當做萬一大跌可進場的預備資金。
5. 期貨三口資金留一口倉，永遠不要留滿倉，尤其是作多的時候。
6. 賺錢的時候記得要撥一些錢出來放定存，和家人上上館子或出去旅遊享受你的獲利和喜悅。
7. 吃得下飯、睡得著覺、笑得出來。

趨勢生命力

■ 輸不起的錢　不可能贏

用閒錢投資，這個大家都明瞭，**我還沒看過用「不能輸或輸不起的錢」投資，能在股市裡穩定獲利的**。不能輸或者輸不起的錢，會造成你的壓力，在壓力之下，怎麼可能做好操作呢？結果就變成小賺就跑、小跌也跑，因為你耐不住震盪，因為你禁不起虧損。不要以為股市賺錢很輕鬆，除非你打定主意長期投資，領取股息股利，否則股市不會付給你薪水，也不可能給你定額的報酬，那是不可能的事！

也許你會覺得奇怪，為什麼要保留三成資金？其實這有雙重的意義，消極來說，這三成資金可以讓你在發生不可測意外時，有個迴旋的空間，不至於一下子就慘遭滅頂；積極的目的是，在遇到股災、非理性的殺盤時，可以好整以暇、慢慢的挑選條件優良的股票，安心的搶股票超跌區間的快速反彈利潤。

期貨三口留一口倉，會不會太保守了？其實不會，如果可以，我還會建議你用四口或五口的保證金才留一口單呢！以8000點來說，一口期貨的價值是160萬（一點200×8000＝160萬），三口資金留倉一口，槓桿已經相當大了。說真的，我操作和教學這麼久，還沒有看過一口錢留一口倉、天天都滿倉操作的人，可以活很久的，因為那種壓力會讓你吃不下、睡不著，一有風吹草動就輸掉了。

■ 把贏的錢匯一半出來

李佛摩說：「每一位投機客在成功結束一筆交易時，都要記得將獲利的半數抽出來鎖進保險箱裡。投機客唯一能從華爾街賺到的錢，就是這些他們在結束一筆成功交易後，從戶頭提出來的錢。」

　　我想很少人會在一個波段交易結束後，把賺到的錢匯一半出來，存到其他的銀行戶頭，大家總認為好不容易賺來的錢，就是要用來增加賺錢的本錢，怎可提領出來讓本金減少？其實這是人之本性，但你可能不知道，**股票市場很可能是一個錢坑，多少人不斷拿錢進去，但卻很少人拿得出來。**

　　在交易成功結束後，大部分的人不會把錢提出去，因為他會對自己說：「有這些錢，下次我一定可以賺到更多的錢。」，對他們而言，戶頭裡面的錢只是交易用的籌碼，很少有投機客真正見過自己賺的錢；這些錢是不真實的，因為他們根本就觸摸不到。

　　這種情況在期貨上更是如此，比如你用100萬投資期貨，過了一個多頭的波動，你的戶頭變成150萬，200萬或者更多，資金變大了，下回你可以買的口數變多了，於是你的金額會愈作愈大。這樣的投機操作永遠都貪得無厭，不斷的四處砍伐，總有一天會失手，且結果是慘烈、措手不及、具有毀滅性的，最後的下場就是來自經紀商的保證金追繳，沒錢繳交的結果讓這場大膽冒險終成南柯一夢。

　　順風帆扯得愈足風險就會跟著升高，假如你每次都將獲利金額出金一些到外面的戶頭，你操作的資金就會變少，操作的口數就會降低，風險也會跟著降低。

　　記得有一段期間我很熱衷選擇權，有一回狗屎運買PUT碰到大跌，賺了七、八倍，戶頭資金一下子膨脹起來，我趕快出金一大半，後來操作不順利，戶頭的資金不斷減少，直到剩下零頭，於是想說不要做算了！隔了幾個月，有一天到銀行刷本子，發現突然多了不少錢，原來就是我當初期貨出金的金額，於是我又有錢重新進場了。

趨勢生命力

股市贏了錢之後，把它領一點出來，拿在手裡算一算、摸一摸，體會一下其真實感，讓自己知道自己手上有些錢，讓自己感受它們的存在，那是辛苦的代價啊！

沒有經過大風浪　無法學會資金控管

資金控管這四個字，要花很多錢和時間才能夠學會的。沒有經歷大風浪的人，一定會想「投資的錢不就是要用到極大化嗎？」，他們也很難想像保留資金的意義。**但只要碰上一次系統性的風險，保留的資金就能夠發揮很大的作用**，這方法也許不會讓你賺很快，但是也不會讓你很快陣亡，活得久就有機會。

> 有個朋友最近瘦了很多，我問他怎麼了？
>
> 他說：還不是因為股票！
>
> 我再問：最近不是都大漲嗎？
>
> 他說：哎，就是持股太多，煩惱到吃不下、睡不著！

請問，這樣的投資是快樂的嗎？股市，真的那麼有趣嗎？其實不然，**大部分的投資人迷上的是賭博的快感，以及懶惰想賺輕鬆錢的貪念，還有對財富的過度癡妄。**即便賺到金山銀山，卻也已經把自己搞得神經兮兮，吃不下、睡不著，對著鏡子都不認得鏡中是人還是鬼，這樣值得嗎？

倉位比例太高，賺的時候很爽，可是這些錢都還只是帳面數字，看得到未必花得到，為了要在將來收手的時候，口袋裡面有足夠的錢可以花用，適量的倉位才是波段操作的王道。科斯托蘭尼說：「沒錢的人要投機」，每個人都有不同的資金需求，大家進入

股市的資金也都不一樣，我的標準你未必適用，你的標準未必適合我，事有輕重緩急，無法都用同一個標準。

唯一的標準是：能夠讓你──吃得下、睡得著、笑得出來。

大道至簡

還沒退休前，我都是上下午兩點半到十點半的班，早上看盤、下午上班，一天就是這樣過的。每週的週三、四是我的休假日，我都利用這兩天辦些私事，有天到醫院看門診，有位同修路過台中，特地到門診處陪我，在等候門診的過程中，我們也聊了很多事。這位同修經過三次斷頭，才在一次講座中和我結識，進而入門學習操作技術，他很感慨的說，**和我學習只有學到兩招：一是資金控管，二是大道至簡的道理。**

大道至簡，往往越是簡單的就越有效的，不過這個簡單卻「不簡單」。股票賺錢，說難很難，說簡單也很簡單，現在的市場有著各種輔助性軟體及形形色色的買賣技巧，以致普通的股民眼花撩亂，不論哪一個說的都很有道理，每一個成功的案例都很誘人。

■ 「KISS」嘴巴湊上去就行了

簡單應該說是單純，單純是經過相當程度的複雜後，反璞歸真所得到的簡單化結果。大巧似拙，大巧其實可以不工，Keep It Simple Stupid，縮寫就是「KISS」，感覺對了嘴巴湊上去就行了！簡單到可以不用大腦的地步。

趨勢生命力

　　定位自己的週期，站在日線看，往上看看大哥週月線在幹啥；往下看看小弟小時K、五分K在玩什麼把戲。短線的進出提供了長線操作者的機會，但是真正決定趨勢的，是這些長線大資金的介入與退出，原因很簡單，短線的進出只是籌碼的拋來拋去，長線的資金才會決定籌碼的歸宿。大、中、小的格局看清楚了就不會亂來，定心、定法、依法，自自在在。

　　這位同修說，資金控管讓他逃過很多次衝動式的想要大力進場、結果方向卻完全相反的暴損危機，減少損失的金額難以估算；大道至簡，讓他只用很簡單的工具，兩條均線、一個指標就能夠穩定的獲利。他的心得是，**股市真的是有生命的，你用太多方法卻無法探知它的活力，當你用簡單的方法不斷重覆的做之後，才會知道股市活力的美妙。**

　　他還說，沒有資金，再厲害的高手、再大的行情都沒有用。真正有功夫的高手，只要心態修正，就可以用很少的資金重新出發；沒有功夫的人，就算籌得再大筆的資金，仍然會陣亡。我從他的眼神中，感受得到其賺錢的喜悅。

　　我問了他生活和工作的近況，他說他已經把公司的業務結束了，現在是專業的操盤人。

早上看盤賺錢

下午健身休閒

晚上美股搬錢

　　這是他生活的寫照。他說台股只是小case，看看國外期貨如歐

元和NASDAQ的量，那裡才是大魚，簡單的技術就可立足台灣、放眼世界。

晚上我們兩個人到中華路切了盤鵝肉、炒了盤小菜、喝了兩瓶海尼根……

我聽著他的抱負，沒有大破不會大立，資金控管、大道至簡，眼前同修的談話，看到他發亮的眼神，我給予最大的祝福。

我的股票天天漲停板！

「漲停板！漲停板！又是漲停板！……」這似乎是電視分析節目常常會出現的畫面，K線圖上一個一個畫著圓圈裡面又一個個的漲停符號，排起來像毛毛蟲，讓觀看的人羨慕心動不已，好像不趕快參加會對不起自己一般，但事實真相如何，恐怕也只有他的會員知道吧！

我有位朋友，他有不少資金，選股功力也不錯，其口頭禪是「我的股票天天漲停板」，真讓人羨慕死了，以為他買的是大飆股，天天飆漲停。仔細一問，原來他的意思是「我的股票天天『有』漲停板」，差了一個字，意思差好多。這位朋友看到好的股票就會多少買幾張投資，手中的股票有百來檔，所以在多頭格局中股票天天「有」漲停板就不稀奇了，如果有哪一天這些股票都沒有一檔漲停，那才稀奇。

投資人喜歡聽到什麼好就買、看到報紙說什麼好就買、網路上有人推薦哪一檔好就買，反正手邊有點錢就去買，不知不覺手上的股票一大堆，成了雜貨店，每一種都有，但數量都不多。這樣的持

趨勢生命力

股方式，除了當大家在談某檔股票大漲時，能高興的說「我有」，或看到網路上有人提到某股表現不錯時，又在心中叫一次「我也有」之外，好像沒什麼好處吧！

■ 開精品店　不要開雜貨店

股票太多容易分心，有時甚至會忘掉你有這檔股票，更糟糕的是，它下市了你可能還不知道！**一般散戶資金在千萬以內的，持股五檔已經很多了，也就是說，你必須精挑細選幾檔好股票，要開精品店，不要開雜貨店。**

雖然股市的教條說不要把雞蛋放在同一個籃子裡，要放在不同的籃子，可是提籃子的還是同一雙手，只要人跌倒了，雞蛋還是會破，倒不如把雞蛋放在少數的籃子裡，然後小心的照顧它。

當然，開精品店也不是說只買幾檔而已，正確的做法是：**選股可以如開雜貨店，選很多股票來觀察，但是真正下手買賣的股票檔數，就要如精品店般不可太多。**選股有很多方式，也可以參考台灣五十成份股、中型100成份股、摩根指數成份股，這些股票都經過法人機關用嚴格的標準篩選過的，基本面都有一定的可信度，成交量也夠，好進好出，平盤下也可以放空，是相當不錯的操作族群。這些股票好比是雜貨店，我們就走進雜貨店，精挑幾檔精品好好操作即可。

我的股票操作方式就是這樣，因為我自知基本面是我最脆弱的一環，所以相信法人公佈的選股。台灣五十和台灣一百成分股是我主要的參考依據，再從這一百多檔股票中，按照技術面的法則，起

漲後鎖定，等回檔擇機買進，持股大多也只有三到五檔，過前波高就找目標點賣出換檔操作，只要大勢不變，天天都有回檔的股票，也天天都有上漲的股票。漲停板固然讓人欣喜，但漲不停會讓人更奔放，操作其實可以輕鬆點、快樂些！

時間會讓我們成長

台灣話有句「七坐、八爬、九發牙」，形容一個嬰兒從出生到會坐、會爬所需要的時間，七個月的小孩會坐，八個月之後會在地上爬，九個月會長出牙齒，這是自然成長的程序，雖然時間未必很準確，但也不會差太多。每回開講，剛開始都會碰到不少同修急著想了解很多問題，我總會說「不要急，這些問題等後面的課上完你就會了解了」，這絕不是搪塞之詞，而是本來就要循序漸進，急不得的。

當你看到你的親友抱著小baby，你會去捏捏他柔細的皮膚、逗他笑，或者抱過來親一親；過一陣子，當這位親友再帶著他出現時，小baby已經會走路、會叫阿姨、叔叔了，甚至還會跟你撒嬌，喜歡你給的糖果、要你買玩具給他玩！再過一陣子，這小孩子就開始唸幼稚園、國小……，有沒有覺得看人家養小孩好像不費力？其實是時間讓小孩子成長的。

■ 股市學習　急不得

時間會讓小孩子成長，時間也會讓股市的我們成長，人生就是一個不斷學習的過程，很多東西都是要慢慢學習的，書架上的書也

趨勢生命力

不是一日之間就有這麼多，那是你學習的過程，閱讀的累積，讓你的知識更豐富。

股市的知識也是一樣，用耳朵聽、用眼睛看、用心去想去記，然後再用手下單、做紀錄，這樣一道一道的過程不斷重複，累積出你的經驗，經過多年努力才會有結果，絕對不是一蹴可幾的。沒有人天生就是高手，高手都是經過時間操練而成的。

> 戰國時代，一位宋國農夫因為擔心自己田裡的稻苗長不高，於是下田將全部稻苗拔高一些，然後拖著疲倦的身子回家，告訴家人：「今天累壞了，但我已幫田裡的稻苗長高了許多。」
>
> 他的兒子一聽，急忙跑去田裡看，發現所有的稻苗全枯死了。

這是大家耳熟能詳的「揠苗助長」的故事，我想用這個故事來說明，學習技術分析要按照步驟慢慢來，急不得的，投資就和種稻一樣，都要符合天時地利，插秧之後就是除草施肥，然後等著長大稻子成熟了才能收割，這是急不得的。

■ 蹲馬步的功夫不可少

從前的學徒學一樣技能，都得要三年四個月的時間才能出師，何況是股市這樣大的學問。學習要從基礎打起，先了解股價的來龍去脈，了解頭部和底部的長相，了解整理的原理和趨勢的所在，才能夠有操作的依據，而不只是一招一式的功夫。如果**我只教你如何出手，而不教你投資的觀念，不先蹲馬步、練內力，你出手軟綿綿的，真能打贏對手嗎？**

有很多朋友問我，要如何養成穩定看盤的心態？老實說，這是對盤勢的了解和經驗的累積，我剛入股市的時候也是像鬥雞一樣，

每天不沖個七、八回不過癮，每天感覺有賺，但久了之後發現荷包漸瘦，才知道原來自己只是在替號子打工！何必呢？「有波段賺波段，無波段賺差價」，問題是連差價都不好賺的時候呢？明知道水深只有到膝蓋，你會下去游泳嗎？時間會讓你成長，小baby不是多喝幾罐牛奶、多吃些營養食品，就會立刻長大成人的。

以此和大家共勉。

炒股能當飯吃嗎？

股票一賺錢，尤其是賺了不少錢的時候，會讓人覺得賺錢好像很容易，現在工作每天幹活也不過領個兩、三萬元，炒股三個月就賺了二、三十萬，倒不如辭職專心炒股去！說真的，**當一個大多頭之後，有這種心態的人還真不少。**

大家看過股票的書，巴菲特、張松允、陳進郎……，那種幾十萬賺到幾十億的故事，往往會讓人興起有為者亦若是的感覺，億！光這個錢的單位想起來就飄飄然的。問題是，你可知道在眾多投資人當中，有幾人能有他們這樣的成就？萬分之一，十萬分之一，還是百萬分之一？全世界也不過出了一個巴菲特，台灣要多少年才會有另一個張松允和陳進郎！

好吧，也許你說不必那麼強，只要能夠比現在的收入好就夠了！羅威說，股市不會付給投資人薪水，**他只會給你「暫存款」，這些錢只是暫時寄放在你這兒，讓你高興一下而已，隨時都會向你要回去的，而且還會向你要高額的利息，**這利息可能是你全部的家當、你向銀行的貸款，或者更多。你可以看看身邊有多少人因為炒

趨勢生命力

股而黯然神傷，甚至因而破產！股市有金山銀山，但能拿股市賺的錢來買車、買洋房的人畢竟不多，「未贏先想輸」，不要光想好的一面，也要看看萬一的那一面，贏了固然很好，萬一輸了，你可有心理準備？

■ 賺錢是你的運氣好　還是能力好？

接著，我想請你試算一下你的生活所需，也就是當你股票投資的收入不如預期甚至是負數的時候，你要如何過生活？你是否已經建立一套可以獨立且穩定獲利的操作方法？如果只是在這幾年的多頭中賺到錢，那是你的能力好？還是運氣好？或者是因為有人指引你使然？可能自己要先想清楚。如果你想靠炒股穩定的年收入百萬，在散戶中是多少人才有一人？你要投入多少資金才能夠年收入百萬？

有人羨慕羅威五十歲就退休，做自己喜歡做的事，過閒雲野鶴般的生活，羅威想要告訴你的是，羅威公職退休，但因為服務二十五年，有月退俸可領，雖然金額不多，但基本生活不會有問題，且羅威經過二十年的努力鑽研，才學到股市投資的正確技術和心態，股票投資還可以穩定的多些收入，所以才敢退休。假定我沒有月退俸，光要靠股市操作來維持生活，我可能會認真考慮要不要退休，說不定現在還在當差呢。

生活沒有後顧之憂，操作自然可以心無掛礙。**股市不是一個付出跟收穫一定可以成正比的地方**，尤其當你的交易時間還不夠久，當你的交易技巧和心態沒有純熟到可以很快的判斷買賣點、作立即的進出時，還是乖乖的上班，閒暇再做點投資研究。有正職的收入

總是比較好的，尤其現在是工作很難找的年代，一旦退下來，將來要再度重返職場，是很不容易的。

讓操作成為一種自然的反應

我敢肯定，你在駕車上路時一定有過這種經歷，聽到收音機裡正在播放一首你最喜歡的曲子，你會自動做出反應，伸手去將音量稍微開大一點，甚至跟著唱起來，你的動作是反射性的、自動的，而且是令你愉快的。但重要的是，**要先學會駕駛，才有機會聽到車內收音機大聲播放的音樂。**

股市的熟悉度要如何訓練呢？你可以試著用一支碼錶，訓練自己在10秒鐘或更短的時間內，分析任何股票或商品期貨的圖表，並確切地知道應該怎樣做。任何超時均視為不及格，一直訓練到看一眼就知道會怎樣走、該怎樣做，這就是提升交易水準的自我訓練課程。只要用心努力，可以發現想做的任何事情就是那麼容易，我們可以毫不猶豫、不假思索地做出反應，開車如此，股市也是如此。

股市正如一頭猛獅，你我都是山貓，我們正服侍著凶猛的獅子！我們可以吃到獅子吃剩的肉屑，但也怕獅子的喜怒無常。探索交易，對犯錯要有心理準備，因為你在未知中行動，不得不冒險。我們可能走錯路，但那正是我們能到達目的地的方式，經過無數次的走錯路，我們會學到如何不再走錯；犯過無數的錯，我們會學到錯誤是什麼，並且不再犯。了解錯誤本身，會使自己越來越接近交易的真實，而這只能留待交易者獨自去探索，無法依循任何人的結論。

趨勢生命力

　　股市如人生，有起有伏；人生也如股市，有高峰有谷底，想要讓帳戶的資金走多頭，該努力的地方還有很多，但是**讓操作成為一種自然的反應，應該是最後的終極目標。**

　　開車上路順著路走，欣賞路邊風景，聽著喜歡的音樂，輕鬆自在，人生不是金錢的輸贏，而是不斷的學習和累積經驗的過程，開車的經驗需要累積，才能成為自然反應，股市的經驗也要不斷的累積，才能夠順順利利。

　　祝福各位朋友在股市的道路上，不但開車順利，更能夠談笑風生欣賞路邊的美景。

江山如畫，一時多少豪傑

　　當我獨處的時候，面對著電腦上的K線圖，我總喜歡把它縮到最小，小到可以看到最近二十年的圖，這樣密密麻麻的K線圖，有著我二十年的征戰紀錄，那一段我做了什麼？依稀可以從記憶中重新叫出來，如心電圖般重新體會股市生命的跳動，一時間，思緒可以拋得好遠好遠……。

想起蘇軾的詞：赤壁懷古（念奴嬌）

大江東去，浪淘盡、千古風流人物。

故壘西邊，人道是、三國周郎赤壁。

亂石穿空，驚濤拍岸，捲起千堆雪。

江山如畫，一時多少豪傑。

遙想公瑾當年，小喬初嫁了，雄姿英發。

羽扇綸巾，談笑間、檣櫓灰飛煙滅。

故國神遊，多情應笑我，早生華髮。

人生如夢，一尊還酹江月。

77年8月入股市至今，已經二十年了，當時股市大約8000點，現在也差不多這個位置，一個充滿股市發財夢的年輕小伙子，從第一張台玻股票開始，和股市奮戰了二十年，過程中從一萬二千多點到兩千四百多點，亂石穿空，驚濤拍岸，經歷三次萬點的大起伏，

趨勢生命力

我做了什麼？我得到了什麼？二十年後的今天，股市還在同樣的位置，但坐在電腦前面的我，卻是髮漸禿、視漸茫茫！看到念奴嬌後面那兩句：「故國神遊，多情應笑我，早生華髮。人生如夢，一尊還酹江月。」想著想著，不禁也黯然失笑。

■ 青山依舊在，幾度夕陽紅

我懷著滿腹的希望前來股市，我操作、我學習，我日夜不停、努力的找尋可以發財致富的技巧，但是股市並沒有如我所願，給我帶來金山銀山；我大起過，也大落過，真的是「滾滾長江東逝水，浪花淘盡英雄。是非成敗轉頭空，青山依舊在，幾度夕陽紅。」

這些年來，我除了得到大量的操作經驗和穩定的操作心態，以及退休後可以安心的操作技巧之外，好像也沒得到什麼，但這也夠了！白髮漁樵江渚上，慣看秋月春風。一壺濁酒喜相逢，古今多少事，都付笑談中。

股市永遠有學不完的東西，有時候你想破頭都無法突破關卡，但得到破解卻只是短暫的頓悟功夫。要學到真正好的東西可能需要運氣，比方說剛好翻到一本好書；也許是剛好在報章雜誌或網路上看到一句讓你靈光一閃的話；或者剛好看到或聽到某事，讓你豁然開竅……，這種智慧的火花就在這樣小小的靈動間開悟而見到光明。

羅威五十歲就從職場退休，而支持我提前退休的動力就是——我這些年來努力研習的第二專長。就像老和尚一樣，我已經挖到會噴泉的井，可以過不愁吃穿、沒有壓力的退休生活，那這二十年的

辛苦，也沒有白費了。我能如願做我喜歡的操作、寫作、教學、旅遊……，過我喜歡的生活，能達到這樣的心願，二十年的辛苦和殘酷的體驗，算啥呢！

然而，隨著年紀漸老，體力、腦力日衰，我常思考人來到世間所為何事？不過是為了「傳承」而已！傳宗接代、傳承知識，如果不是這兩件事，我們人類如何能夠延續生命？如何延續科學的研發？我們是向上帝借護照來到世間的，當護照到期，我們終要歸去，而我能留給後世的又有哪些呢？

生不帶來，死不帶去，趁還有活力的時候，回憶這股市的點滴，寫幾本書和一些股市人生的體會，也許是我唯一能留下的東西吧！

趨勢生命力

技術篇

趨勢生命力

引言

　　股票市場有多頭也有空頭和盤整。而股市賺錢的秘訣就是「正確的趨勢、大量的部位」，明顯的空頭和多頭趨勢是最好操作的時機，因此你必須在趨勢明顯的時候進場盡情賺錢，而在盤整的時候減輕部位或者出場觀望。

　　想要在股市生存就必須有自己判斷多空的指標和買賣的方法，也就是要有自己的「指標」。這個指標是什麼？就是指導你進場的依據，可以是基本面也可以是技術面，當然也可以是消息面，當你的指標出現多頭訊號時，你就作多；指標出現空頭訊號時，你就作空。只要你的指標準確度夠，它就能讓你趨吉避兇，指引你正確的操作方向。

　　趨勢判斷的方法有很多，我以均線來描繪多空；均線最簡單也最清楚，不過請了解一點：均線只是眾多描述趨勢的方法中的其中一種而已，如同盲人摸象一般，這只是大象身體的一部分而已。均線的參數你不一定要和我一樣，可以因為你的個性而隨意更改，我要和各位討論的是「觀念」，參數並不是重點。你也會發現，也許你微調過的參數會比我所提供的參數還要好用。

　　股市的全貌必須用很多塊拼圖才能夠完成，比如基本面、經濟面、政治面、籌碼面、技術面……等等，趨勢只是技術面這一塊拼圖中的一小塊，並不是全部，而本書舉例的方式，也只是所有相關趨勢技術論述中的一小塊拼圖而已。

　　股市操作中，我覺得「如何認識趨勢」應該是其中最重要的一部分，這本書的技術篇主要在談怎麼判斷趨勢，假傳一擔書，真傳

一張紙，真正能賺錢的方法，就是一張紙、兩句話就夠了；我常常和朋友說：「給我兩條均線、一個指標，我就可以告訴你我要作多還是作空。」兩條均線是我用來看趨勢的，一個指標則是用來看轉折的。**兩條均線，一個指標**，就是我說的兩句話，我不說你永遠猜不透，我說了你又會說：「呿！就這個？」你又不相信了。所以，請你把這本書的內容當作引子，以找到一塊拼圖的心情看待這本書，這樣就可以了。

深深地希望你會喜歡。

學習的目的在讓自己貼近市場

根據我的觀察，很少人因為採用別人的建議和明牌而穩定賺錢，只有極少數的人願意花時間請教別人：「請告訴我要怎麼做才能賺錢？」可是這些人當中，有些根本不知道為何要學習。多數人想學到每筆交易都正確無誤的方法。但事實上百分之百正確的方法並不存在的，如果有也不可能被公開或傳授。

我想要告訴你的是：「學習的目的不在於追求必勝的方法，而在於**找到一套適合自己的操作方法**，讓自己貼近市場」！這和你所認知的「學習是為了找到交易聖杯」有很大的差距吧！股市投資必須有一套依據自己想法所發展的方法才能賺錢。

股票市場到底是什麼樣子？沒有人知道。市面上有很多股票書籍都可以描述股市的樣子，但都不可能是股市的全部；就像玩拼圖，這些書都只是股市的其中一塊拼圖而已。股市的樣貌可以隨著

趨勢生命力

你的了解而改變，重視基本面的人認為股市就是基本面，重視消息面的人認為股市就是消息面。就我而言，我是以技術面看股市的，所以我的股市長像就是技術面，這原因就是所用的工具不同。

用長線工具看股市是一個樣，用短線工具看股市，又是另一個樣；也就是說，市場本來只有一個樣子，但因為我們使用的工具不同，就會呈現不同的樣子；除非你找到的方法能夠和你契合，否則你的學習之路將是無止盡的付出而已。

你所用的工具會幫你認識市場，長線的工具看到長線的市場，短線的工具看到短線的市場，然後為了適應市場，你會不斷調整你的工具、調整你的週期，以便讓你更貼近市場。你知道嗎？鳳梨的頭和西瓜的尾是最甜的，你愈貼近市場，就會愈了解市場；你愈了解自己，你的操作就會愈順利。

大學教育分文組和自然組，各自分又很多學系，如文科又分法律、語文、商科……，自然組有有很多學系，醫學、化學、機械、農學……等等，林林總總不下兩、三百個系所，為何要分這樣多學系？因為每一個人將來想要從事的行業不一樣，這樣細分之後，你的所學才可以更貼近就業市場。當然也有可能因為你所學的科系，將來也會往這方面尋找就業機會，不是為了貼近市場嗎？

市面上有成千上萬的書籍，也就是有成千上萬種方法，這些方法都經過作者證明有效，但是多數採取這些方法的人卻未必有效，並不是因為這些系統失敗，而通常是使用的人與該系統無法協調。所有成功的交易者之所以成功，是因為他們已經找到自己的系統和方法，而這些系統通常是自己發展出來的，它不只是技術，更包括心理面和資金控管。

■ 不斷累積經驗，使你成為專家

　　我想問你，你唸書的時候，有多少位老師教過你、給你多少知識和工具？你現在的工作是什麼？再想一下，為了現在的工作，你又唸了多少這方面的專業書籍？不會只有一本吧？工作之後你又唸了多少書？在工作中你學了多少東西？有用的東西必須經過不斷地學習、淘汰、整合才能獲得，經驗的累積讓你成為這行業的專家。

　　管理學院出來的人，是不是一畢業就能夠當上總經理呢？不會吧！主管和總經理也未必是管理學院畢業的啊！你能在公司升職道理其實很簡單，是因為你對自己的工作愈來愈了解，能力也貼近了公司的核心需要。股市也是如此，學股票操作技術也只是讓你更認識市場而已。

　　股市分析的任何技巧透過書籍的描述，其結果就如同我們看旅遊節目，節目中介紹的景色好美，但是當你興沖沖跑去當地一看，並不是每處都這樣漂亮，這是因為鏡頭取景的關係，在節目中看到的景象都是攝影師精心取景的鏡頭。技術分析的書也是這樣，書中內容都是經過作者精心剪裁的，所以你只看到某一部分而不是全部，這樣了解了嗎？

　　幸運女神只眷顧努力認真的人。追求夢想的第一步就是要盡一切的努力，而且絕對不能忽略該準備的功課。羅傑斯說：「我所做的成功投資，都是事先花時間盡可能地蒐集資訊，詳細研讀每個細節。假如你涉入自己不懂的事物，那永遠不會成功；假如你對自己不了解的東西下注，就不是投資，這叫做賭博。」

趨勢生命力

每一種股市技術的學習，只不過是多充實操作技巧的知識罷了，將來是否真的為你所用，必須自己磨合，將有用的留下來，沒有用的則需丟棄。利用過去的經驗開拓視野，磨練並善用自己的技巧，還有正確的心態，只有依賴自己才能深度地成長，並加強信心，讓心逐漸貼近你所想像的市場，也唯有依賴自己，才能讓自己充分應付盤勢變化，活得久並獲得適當的回報。

困境才能成就最大的成功，有了這樣的認知，才能夠從「學了技術分析就能必賺」的死胡同裡轉出來。

多空的論述

《百喻經》裡面有一則「盲人摸象」的故事，故事是這樣的：

有一天，舍衛城的東門忽然來了一頭大象，使得城裡起了騷動，人人都爭先恐後去看大象到底有多大。

城裡有一群盲人也想看看大象到底是什麼樣子，但是因為看不見，他們只好用兩隻手來辨別象的模樣。

摸到象鼻的人說道：「大象像什麼？我知道，像個柱子。」

另一個摸到象耳朵的盲人則說道：「大象像個芭蕉扇。」

而摸到象尾巴的盲人則急忙說道：「你們兩個都不對，大象明明像繩子。」

第四個摸到象腿的盲人也很不以為然地說：「你們都亂猜，大象就像一根柱子，圓圓的、高高的。」

摸到象肚子的盲人則反駁道：「你們說的都錯了，大象就像一個鼓。」

這群盲人你一言我一語，各有說詞、爭論不休，但其實他們摸
到的都只是象的局部，不是象的全貌。

股市的多空論述就如盲人摸象，所說的都只是局部；站在自己的
角度認為自己有理，說起話來好像頭頭是道，但是在整個真理中，也
只能用明天以後的一段時間的走勢來印證是不是和你想的一樣。

記得以前聽過三個人在爭論股市的多或空：

甲：「要作多才對。」

乙：「我還不想作多。」

丙：「逢高要空。」

三個人爭論不休，後來一位長者請他們坐下來，說說看為何看
多、看空？

甲：「站上5日均線就是要作多才對。」

乙：「還在20日均線下方，所以我不想作多。」

丙：「季線還在向下，逢高要空。」

就均線的角度來說，甲乙丙三個人都沒有錯，對吧！

同樣用均線，只是因為參數不同就有這樣大的問題了，何況是
用不同方式、不同週期在看盤的人呢？為這些爭得面紅耳赤，對自
己的操作有用嗎？你會因為別人的多空和自己立場不同而改變看法
嗎？不會的，你還是會認為自己是對的，不是嗎？

股市操作中能獲利的模式並非只有一種，就像盲人摸象，每
個人都是對的，但也都只是其中一部分而已。想一下，別人要怎樣
看跟你有什麼關係？只要有自己的操作觀念與模式，而且可以獲

趨勢生命力

利，那就夠了。多空不必和人爭論，和市場爭論就好了。看多你就買進，看空你就賣出，如果你是對的，市場會給你獎賞；如果你錯了，市場會給你一巴掌。想爭論多空嗎？和市場爭論吧！

多頭和空頭都沒有固定的形狀也沒有固定的樣子。你如何描述多頭、如何描述空頭都可以，因為那就是你的市場的長相。每一個人心中的市場長相都不一樣，就像盲人摸象，以為他摸到的部位就是象的樣貌，但是在明眼人的眼中，這實在是個笑話！

從知道這個事件後，我不再與人爭辯多空的事，我認為多空都在自己的心中。

說來好笑，上面故事中三個人所說的三條線中的20MA和季線也就是這本書〈技術篇〉所要陳述的多空「指標」，之所以選這兩條線來解說，是因為這兩條線是大家通用的月線和季線的參數，用來舉例會比較貼近市場。這兩條線之間有合作也有打架的時候，當它們方向一致時就是趨勢；當它們方向相反時就是盤整。**而我們要做的趨勢就是在它們方向一致、顯示明顯趨勢的時候。**

> **註** 本書〈技術篇〉採用50MA為季線，這和一般大眾熟悉的季線參數60MA或者66MA的參數是略有不同的。

讓市場告訴我們

〈沉醉東風‧漁父〉：

黃蘆岸、白蘋渡口，綠楊堤、紅蓼灘頭。

雖無刎頸交，卻有忘機友：點秋江、白鷺沙鷗。

傲殺人間萬戶侯，不識字、煙波釣叟。

　　行情的走勢有一定的條件，比如政治經濟的利多利空，或者籌碼、資金移動、資券、投資心理，還有大家喜歡談論的外匯、油價以及國際股市。我相信這些對股市都有一定的影響，但是，這些東西像空氣一樣抓不著，對於股市會有什麼大的影響，除非是有相當的經驗，否則恐怕沒有幾個人可以猜得準。

　　既然猜不準那我又何必去猜呢？不是徒然增加困擾而已嗎？每個人都有他專精的一面，這些就讓關心它們的人去傷腦筋吧。一個人無法關心太多東西，時間有限、資源有限，很難面面俱到，如果每個面向都要考慮，那這些不同的資訊鐵定會打架，結果是可能什麼都做不了，也不敢做。

　　我不會去猜也不想猜行情會怎麼走，股市有先知先覺、後知後覺、不知不覺和即知即覺四種，當然先知先覺不會是我，我也不會想當後知後覺或不知不覺的人，股市裡我只想當個即知即覺的人就可以了。

　　馬克‧吐溫(Mark Twain)是這麼說的：「歷史通常會自我重複，但人性不會改變。以前發生過的事，以後也還會再發生。」藉由交叉參照市場的長期歷史圖表與歷史事件，我們可以知道什麼是

趨勢生命力

驅動市場的力量；要找出是什麼在驅動市場？要學習如何分析趨勢？回顧歷史正是一個好方法。更棒的是，它還教你如何預測未來的變化。

在聚財網寫稿多年，別看我整波分析起來沒什麼大錯，就以為我有那麼厲害，知道行情要怎麼走！其實行情會怎麼走我並不知道，我總覺得只是運氣好罷了，而好運氣可能是來自於我所依循的方法勝率比較高而已。

股市脫不開趨勢和轉折這兩者，我用固定的方法辨認趨勢，對轉折我也一樣先設定幾個條件，然後等待市場告訴我它要怎樣走，當條件滿足我就跟上；當然我也會設定萬一它鬧脾氣突然轉向停損時的應變之道以防萬一。要記住，歷史脈絡雖然有跡可循，但不要期待走勢會完全相同。

如同釣魚，我只是綁上魚餌放到水裡，至於魚兒有沒有上鉤，看浮在水面的浮標就可知道了，浮標動了我就知道有魚兒咬餌，只要能馬上知道就可以了，至於是否能夠釣起魚來，就得看釣技練得如何了。

股市的東西真的不多，只是趨勢、轉折而已。如何設定趨勢的條件：如果怎樣就是多頭，如果怎樣就是空頭。如何設定轉折的條件，如果符合條件我就怎樣，如果不符合條件我就怎樣。設定好了一切就簡單了，剩下的讓市場告訴我們答案，然後你跟著答案照抄、照做就行啦！

問題是，你要如何設定好準確一點的條件，來讓市場告訴你它要往哪裡去？

　　問題是，這些條件出現後的成功率一定要夠高，才能增加你操作時的信心。

　　有一句廣告對白是這麼說的：「我是在當了爸爸以後，才開始學習如何當爸爸的。」投資也是，進入了股票世界以後，才開始知道股票中的一些規律。

　　下面我就來介紹這幾個簡單的高勝率條件。

多空判斷法

　　世界上最熱門的話題大概沒有可以比「你認為股票市場將往哪裡去？」的話題更熱門且能持續幾百年。很多人問我，看我的文章看久了，感覺上好像有一個邏輯可以貫通，卻又無法正確抓到這邏輯是什麼。

　　也許你會認為這些技術一定很難！老實告訴大家，我的操作和分析確實有一個固定的邏輯在運作，這些東西可以給它一個名稱叫作「指標」，我們不能憑感覺出手，每個成功的投資人都必須發展出一套自己的指標，同時，你也必須親自記錄，才能有一個清晰的想法。不過我所說的「指標」可不是什麼KD、RSI、MACD……等等的指標名稱，而是可以告訴你該多或者該空的「依據」。從事投資或投機想要立於不敗之地，就必須有指標來導引，絕非僅憑臆測。我運用的這些指標對我來說價值連城，但是對他人而言，除非能感覺出它的用處，否則可能一點價值也沒有。

　　多年來我最信賴的判斷多空的指標依據就是均線的多空判斷，

趨勢生命力

這也是我主要的中心思想，我可以告訴你：給我兩條均線，我就可以告訴你市場要往哪邊走，並告訴你現在要作多還是作空。比如站上季線之後你開始作多，你可以連準一、兩個月；跌破季線後你作空，又可以連準一兩個月！這就是我寫稿總是可以不偏離方向的原因。也許你很訝異，這樣簡單的均線居然有如此的神力！其實我也很意外，但事實就是如此。

■ 憑著均線就能賺錢？

當我跟人家說我對股市的看法就是兩條均線定趨勢、一個指標看轉折而已，很多人會嗤之以鼻，認為憑幾條線就想賺大錢是不可能的！

「憑幾條均線就想賺錢是不可能的！」這句話聽在我耳裡真的是感觸頗深。

沒有錯，均線是不能賺錢的，想賺錢就是要下單，更要作對的方向才行，那麼要如何作對方向呢？指引方向最簡單的工具就是均線了。

大家都以為在股市賺錢需要深奧的功夫，沒有人相信幾條均線就能賺錢！均線這種簡單的東西很容易讓人輕視；但是，對初入股市的人來說，如果幾條線的基本功夫都還不會，我真的不知道該怎麼和他說下去！如同有句廣告詞：「先顧身體，再求藥效！」如果連簡單的趨勢方向都不知道怎麼判斷，怎麼可能練就犀利的短線功夫？

　　均線是一段期間內交易者的平均成本，要成為贏家就是要尊重大多數人決定的方向，依照均線方向操是最簡單的方法了。雖然我學的技術和理論很多，但我的任何分析和操作，都不會偏離簡單有效的均線中心思考，萬一偏離，也很快且容易抓回到正確的方向來。

　　我喜歡簡單投資買股票，搞太多基本分析與技術分析太累、太辛苦，而且其實不只我是如此，很多人學東西用到最後都成了一個簡單的法則。我的分析稿和我的操作，都是以均線為主軸，如果脫離兩組均線這個中心，操作絕對會亂七八糟，怎麼可能在股市生存這樣久？

　　我認為方法都是可以學習的，不過，我也不太相信你看完本書就會有和我一樣的思考方式，除非你的腦中和心理能融合我說的這些方法，否則方法永遠是我的，你看到的仍然只是方法的表面陳述和印象而已。

趨勢生命力

我的趨勢指標

　　認識趨勢之所以重要，在於證明你所要交易的市場是否具備獲利的潛力。我看趨勢的方向有兩組均線，也就是有兩個重要的「趨勢指標」：一個是月均量和月均價，另一個是月均線和季均線的雙均線判斷法。

■ 指標一：月均價和月均量

　　《活出股市生命力》一本書中，我提到18日均量和18日均價的多空格局判斷法，指的就是月均線和月均量，也就是中期趨勢。一個月大約有22個交易日，18日大概是月線中比較短的一個參數，這四個多空格局的判斷，用來判斷大盤大方向的成功率很高，好的東西就一直延用，看了十幾年也沒有想要改變過。

	月均價	月均量	格局	操作策略
1	向上↑	向上↑	多頭	作多，回檔找買點
2	向下↓	向上↑	盤整	觀望，短線來回
3	向下↓	向下↓	空頭	作空，反彈找空點
4	向上↑	向下↓	盤整	觀望，短線來回

　　其中趨勢有很大關係的就是1和3兩項——兩者方向一致的時候：
如果月均價向上、月均量也向上，那種上漲氣勢會帶你往上飛上天堂。
如果月均價向下、月均量也向下，那就會讓人住很久的套房了。

　　這些技術方式我收集在《活出股市生命力‧技術篇》中「關於均線」篇章裡面，我覺得這個量價組合相當的有效，後面我們所要

談的均線基礎內容在該書也都有解說，為了易於了解，請你最好把書找出來翻一下。

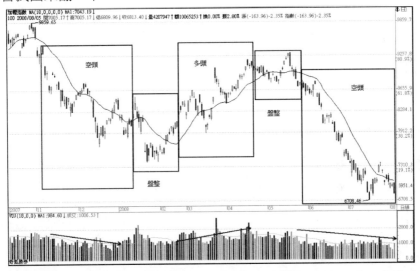

如果月均量和月均價能夠同步連續三天雙雙上揚，即是中線空頭結束和中線多頭啟動的訊號。

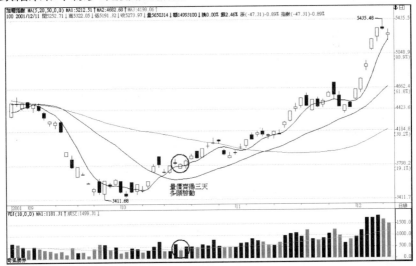

趨勢生命力

　　上圖是2001年911雙子星事件、台股見3411低點之後，月均線量和月均價出現量價齊揚三天的多頭啟動。多頭啟動後，量能配合不斷放大，綿延的攻勢於焉展開。

　　只要能夠**讓月均量和月均價同步上揚三天，多頭啟動並且之後持續放量，那麼回升波就不會只是反彈波**，而是多頭浪出現，回檔都可以找買點。

　　下圖是2003年SARS之後的多頭啟動：

　　量價齊揚後，漲升的成功率很高，而且空間也都可以期待，不過如果碰上較大的利空仍會失敗，比如在此之前也有一次多頭啟動，但可惜因為SARS疫情擴大，台股直殺而下，沒有成功的展開上漲行情。

　　月均量和均價的參數15－30的參數都可以用，我習慣使用的參數是18日，當然有人喜歡15日線、有人喜歡20日線或30日線，其實都沒有很大的差別，只要你用得習慣，高興就好了。

在你想要決定你的參數之前，我希望你一定要先做幾件事：

1. 經過歷史印證你所要改的參數確定可以正確的表達趨勢的方向。

2. 印證時間不能太短，最少十年(一個大的多空循環)。

3. 請不要用電腦回歸測試，而是用手工去做紀錄(動手做才有感覺)。

4. 最好有失敗的圖例，並找出失敗的可能原因，進而記錄防範的方法。

如下圖2001年8月中用18日量價來看有量價均線連續三天向上的多頭啟動的訊號，但卻沒有成功！最大原因在於季線的扣抵區間太高，多頭啟動後回檔再攻擊的量能放不出來，9月7日跌破回檔多頭浪的低點，多頭啟動失敗，後面911雙子星爆炸的利空也不過是加速趕底而已。

成功之前總是要努力再努力的，有任何的構想和想法就是機會，有任何想法就得去回溯證實是否可行。經過親手驗證過成功率

趨勢生命力

後，我相信你會對量價分多空有更深的體會，這絕對不是光看書所知道的印象可以比擬的！如果做完這樣的功課之後才決定你要用的參數，恭喜你，如果不是這參數的量價達人，最少也是這方面的高手了。

■ 指標二：雙均線判斷法

月均線的量價配合有一個限制，就是對加權指數而言相當有效，但如果用在個股就不甚理想，因為個股大多有主力作手在操控，量忽大忽小，不太規則。另外，如果你操作的是國外期貨或者外匯，這種在國內很難看到成交量的商品，就會無從判斷起，所以，為了克服這個問題，我以一長一短的雙均線來代替。

這是道瓊股價K線圖：

　　均線是最簡單通用的趨勢指標，貼著K線走，其所顯示的是一個平均成本的概念。任意打開一檔股票或者任何一檔有K線的金融商品(國外的也行)，都可以很輕易地看到這指標。

　　均線就是N日內收盤價的平均值，也大概是N日內投資人交易的成本。例如20MA就是20天收盤價的平均值，也大概是20天內所有投資人的平均成本；50MA就是代表50天內所有投資人的平均成本。

　　當然光用收盤價來計算平均成本並不是很精確，但至少有一個概略的數字，因為這種方式可以簡單取得所要之數據，參考起來也不錯，就一直沿用著。

那要怎樣用均線分辨多空呢？

　　美國股市將多頭稱為牛市，因為多頭如牛的兩隻角，是向上的；而空頭有如熊的兩掌，是向下的，所以空頭又稱為熊市。不管操作也好，作分析也罷，我們只要設定兩條均線，將這兩條均線當做是牛的兩支角，或者是熊的兩掌，然後據此加以判斷多空；兩條線都向上就是多頭(牛市)，兩條線都向下就是空頭(熊市)，這是簡單的看法。多頭和空頭確定後，就可以找到短線回檔的切入點。就算沒有成交量又何妨！

均線要設多少呢？

　　這要看你的週期有多長，超長線的操作者喜歡用長一點的均線，比如年線、半年線；中長線的操作者喜歡用的大概是季線和月線；短線的操作者，有可能就用週線和半週線。幾乎所有的參數都有人用，條條道路都可通羅馬，看個人的習慣走什麼樣的路囉！

趨勢生命力

這是台幣兌美元的K線圖：

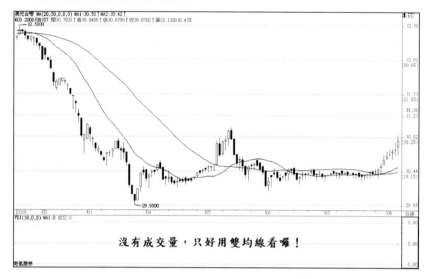

沒有成交量，只好用雙均線看囉！

　　只要是一短一長的兩條均價線，就可構成一組雙均線，兩條線就可以分多空了，這樣簡單的分多空方法，可以適用任何商品。其實不光是均線有這樣的功用，很多指標也都是一長一短，且都具有這樣的效果，如KD、RSI、MACD等等。我們學習如何運用市場告訴我們的事，然後用這些寶貴的線索，猜測將來比較可能發生的事，經過判斷後，往有利的方向操作。

　　其實市場沒有固定的交易模式，交易的週期需建立在你覺得最舒服的心態上，你認為市場是什麼，那樣的市場就會反射到你眼前，你便會以為市場就是如此！當你使用了不同的均線參數，也表示心裡所認定的市場就是這個樣子；每個人所用的參數都不一樣，所以每個人眼裡的市場樣子都是不同的。

　　趨勢是有生命的，這生命力來自於兩條均線之間的空隙，空隙愈大，活動空間愈大，生命力就愈強，兩條線間的空隙愈小，活力愈小，生命力就愈弱。下面舉三張圖為例，反射三種人眼中的市場，當然還有更多的組合可以反應更多的市場狀況，我們用加權指數來說明這些短、中、長線的多空怎麼看。

短線2MA＋5MA：

　　這是短線的多空看法，當2MA和5MA都往上時就是多頭，當2MA和5MA都往下時就是空頭，如果你用的是這樣的短參數，大概可知道你是屬於短線交易者。

　　下圖是20MA和50MA的雙線組合，大概是中長線操作的投資人所喜歡的組合，和上圖相比看起來穩健多了。

趨勢生命力

中線20MA+50MA：

長線120MA+250MA：

而120MA＋250MA這樣長期的均線所表現出的行情更是令人刮目相看，對吧！如果這三張圖分別代表短線、中長線、和長線投資人眼中的市場，你覺得你是屬於哪一種層面的投資人呢？想看看，這三張圖，你喜歡哪一張？那你大概就是這個層面的投資人，也可知道你心中的市場就是哪一種了。

愛迪生發明電燈泡之前測試過三千多種材料，世人笑他是個傻瓜，愛迪生卻說：「至少我已經知道有三千多種材料不能做成電燈泡！」這樣的研究精神，對於想要在股市中找到合於自己操作方法的人來說，真的是個榜樣。

當然，上面這些參數只是一種參考，你可以設自己喜歡的參數組合，如5MA和20MA、50MA和125MA、250MA，或者其它的均線參數，如6MA、12MA、24MA……等等。個人認為，除非有特別的需要，沒有絕對要用哪種參數才可以的道理，因為每一個人心中的市場的樣子都不一樣的，只要你能習慣就可以了。

■ 每個人的背景都不同，有所依據就好

我一開始學到的均線是6MA，後來又學了18MA，當時我覺得18MA太長了，之後又學著看季線、半年線、年線這種更長的均線，而我對於這樣長的均線存在著疑問：操作需要看這樣長的均線嗎？但說來好笑，現在我卻用季線以上的均線來看行情！

均線應該有支撐和壓力的功能，可是在不斷實戰累積經驗後，我發現均線並沒有實質支撐和壓力的作用，有些我認為是重要的均線關卡，卻總是不費吹灰之力就被灌破或者突破！倒是用均線來看方向會有不錯的感覺；**看趨勢真的要用長的均線，才可以讓長線的看法較穩定，比較不容易出錯**。但是我也沒有放棄短均線，因為用

趨勢生命力

短均線看轉折會比較敏銳。例如月均線和月均量連續三天上揚是多頭啟動的訊號，但此時如果還沒有上季線，算不算多頭呢？以中線來看，月線走多，那中線就看多，等到將來季線也被穿越，就看中長多，這樣就好了，這兩者並沒有矛盾之處，看你怎樣看待而已。有人5日線翻上就開始看多了，有人非得要站上季線才要看多，這都是沒有關係的，重點是你的依據是什麼，而非人云亦云。

我們也可以這樣說，站上5日線，短線翻多；站上月線，中線翻多；站上季線，中長線翻多。三條線都走多，就是大多頭。這樣就可以理解了。

投資邏輯是長或是短其實都沒關係，因為每個人的工具、參數和屬性都不同，心中的市場也不同，投資方法不必爭論誰優誰劣，因為所學不同、資金不同、個性不同。市場上使用各種方法都能賺錢，每個人成功的背景和方法並不一樣。中長線的操作者很容易在看到別人在短線上賺錢，自己卻沒賺到時，受不了誘惑而進場，但這時候反而要冷靜，因為若你習慣的週期還沒到，便輕率進場，很容易賠錢。

多空判斷在技術上有很多種，當然都有其準度也各有其愛好者，如果你有一直很信任的方式，當然就請繼續使用，沒有必要改為我所說的方式，因為操作技術並沒有固定模式，只要合乎自己的個性和習慣就好了。另外我也想叮嚀大家，不要亂改變自己的操作週期，我發現只要隨意改變週期，短線、長線就會在你的腦中打架，就是惡運的開始。

■ 聖杯就在你心中

同樣的，你也不必相信股票操作有聖杯這回事，因為聖杯就在你的心中，重點是，你務必找出能使自己贏錢的方法。你可以完全

不在乎別人的評價，完全享受心靈思考的自由，這就是投資迷人的地方。為了將來的財務自由，你務必開發屬於自己的操作依據。

　　在這裡，我只是介紹過去所慣用的幾個方式；首先，我較推薦各位使用20MA和50MA這一組由月線和季線組合的中長線的均線。如果是上班族，工作忙沒時間看盤，我會推薦使用更長的120MA半年線和250MA年線的組合。如果你認為好用歡迎使用，如果覺得不好用，那看過即可，若要更改參數也請隨意，重要的是均線的觀念通了就可以了。

　　這組中長線組合的多空判斷，進出次數很少，要等待好時機才有勝算。後面我會以20MA和50MA這兩條線作主要的解說。

　　先說個故事：

韓信十分好學，自學兵法，看很多的書，他一生打響名號的第一仗是明修棧道暗渡陳倉，此計帶領劉邦的漢軍離開巴蜀與項羽較勁。

離開巴蜀後，他並沒有馬上進軍前面的三秦之地，反而耐心等候。

等什麼呢？等天時！

他料定某月某日會有大雨，故以大水淹三秦之地，不費吹灰之力攻下三秦。

後來，項羽圍困劉邦，劉邦多番催韓信進兵勤王，韓信一直少理！為什麼呢？因為時機未到！

他又等什麼呢？原來韓信計劃用車陣圍困項羽，但車子正研發中！當車子製造完成，馬上進攻項羽，一戰而敗項羽，並奪下項羽的頭盔。

趨勢生命力

看來，韓信戰必勝、攻必克，皆因他懂一招——伺機而動！

我們效法韓信等待時機的法則來買股票，在2008年2月中，股價站上季線，開始買進股票，到5月底跌破季線賣出股票。2月的買點是等出來的，5月底的賣點也是等出來的。那麼！以目前股市未有戰機呢？月線＜季線是空頭格局，以18均線和18均價來看，現在仍是空頭，這樣就可簡單判斷，買的時機還沒有到。

買賣股票要能如韓信作戰般——等待時機！

耐心等候吧！**善戰者，並不常戰的！**

長均線就是**善戰**，總是在關鍵日才作戰**卻不常戰**的常勝和長勝將軍。

◼ 關鍵日

本書所列舉的均線都是收盤價平均，是N日收盤價的平均值。當然有些軟體也提供加權平均的平均線(EMA)，或者可以自設指標

的方式去設定均線的計算公式,各種均線當然有其特有的功用,就不在本書的討論範圍。

　　均線的站上,是就收盤價大於均線而言;而均線跌破,則是就收盤價小於均線而言。就均線的買賣點來說,突破或跌破的當日叫做關鍵日。時機就是一切,在關鍵日買進,可以讓你把握最佳時機,恰好在行情即將展開時介入交易。當然,你也可以將此K線用來做停損點,如果跌回均線就出場。

　　均線應該歸類於「突破系統」的操作法之一,如同海龜交易法則;海龜交易法是突破20天的高點就買進,均線系統則是突破均線就買進。愈長的均線交易次數愈少;反之,愈短的參數交易次數就會愈多。如果是用來看趨勢,建議不要用太短的均線,用來看轉折就不要用太長的均線。

　　如下圖為20MA的進出訊號:

趨勢生命力

下圖是以50MA為趨勢線的買賣訊號：

看這兩張圖，買賣點明顯差了很多次吧！均線愈長，買賣點的次數相對減少很多，對於沒時間看盤的上班族來說，相對的省事也節省很多交易成本。

去頭去尾取中間，應是均線的特色，你會認為如果在9859放空、7384回補，同時反多，且賣在520的高點9309該有多好！當然我也知道那樣真的好美好美，簡直是太棒了！但是，誰能做到這樣呢？高低點要全包，除了事後看圖說故事之外，大概神仙也做不到的。

要安全進場當然會犧牲一小段底部低點；要獲利最大化，當然高點要回吐部分利潤是無可避免的。這就如我們呼吸，有吸氣就有吐氣，如果不願吐出小部分獲利就賺不了錢，做生意也要有進貨成本啊！總不能從原料、加工到販售都自己一個人包辦吧！弱水三千取一瓢飲，作股票能夠取中間一段就夠了，重點是你要盡可能找到

省工、省時間，又是利潤最大的方法啊！如果能照著均線關鍵日的買賣點簡單地做交易長期下來，應該也有很不錯的績效了吧！

50MA算是一個中長期的均線，這種交易方式有幾個優點：

1. 不需要整天留意盤勢的發展，只要在尾盤或者收盤後再看收盤價即可。
2. 買進後只要你的停損設好，一旦脫離成本之後持有股票，心理壓力最輕。
3. 每年往往只要一、兩次交易，就有不錯的獲利。
4. 賺錢的方法最簡單，交易成本和設備費用都相當低廉。
5. 獲利的期望值相當可觀。

缺點：

1. 如果錯失一個重要的交易機會，下一個機會可能就要等很久。
2. 會錯失高點的賣點，也會失去短線的利潤。
3. 缺乏耐心的人沒辦法抱住持股。
4. 通常買進的時候，股票相對來說離低檔已經有一段距離，股價並不便宜。
5. 勝率並不是很高，大概只有六、七成會成功。

影響均線數值的相關因素：

1. 收盤價：收盤價均線是用收盤價計算，當然當天的收盤價高低就是主要的影響因子。
2. 扣抵價：均線的扣抵位置，均線的計算要扣掉最前面一天的收盤價，因此扣抵價的高低會影響明天均線的計算。
3. 扣抵區間。

4. 均線方向的預判。

5. 均線的壓力和支撐。

6. 均線的力道與強度。

7. 量價判多空。

以上這些影響均線值因素的相關內容請看拙作《活出股市生命力・技術篇(二)》關於均線的相關解說，本書就不再說明。

我之所以用收盤價平均線(MA)，是因為它簡單容易計算，也很容易看扣抵價和扣抵區間。但是它也有缺點，就是如果當根K線的時間還沒有結束，均線的數值就不會確定，是否站上或者跌破均線便無法判斷。相信各位在盤中看日線都會有這個發現。所以通常我會等到快收盤前才決定要不要做買賣，如果想提早進場，就只能用經驗去判斷了。

■ 多空強度

上面短、中、長線的三張圖表中，我約略將兩條均線作為一組，這是方便解說操作週期，但是一個軟體上面的均線有很多條，到底要怎麼看呢？

我們把上面這三組均線全部設上去，一個盤強不強，這些均線就可以看出來了。

你可以用這6條均線(2日、5日、20日、50日、120日、250日)來看多空的強度，當均線往上時，為正1分，均線走平為0分，均線往下為負1分，看看6條線相加是幾分，便可以決定多空力道。相加大於4屬於多方力道強，相加在負4以下則是空方力道強。這種判斷

力道的方式，我稱為「馬車論」。每一條均線為一匹馬，如果往上跑的馬多，馬力自然大，跑起來快又穩；如果各匹馬方向不一，力道自然分散，介入甜頭不多，且容易受傷。如果眾馬朝下走，那麼下拉的力道必定很強，少買為妙，反而是作空的好時機。

這種馬力是無人能抵擋的，它是一種趨勢，是市場的方向，即使如王永慶、郭台銘之流、家財萬貫者也不敢輕易與其對抗。政府出招都得費九牛二虎之力，任何主力作手都難以扭轉乾坤，過去很多主力級的人物想憑個人財力與之對抗，結果都因此陣亡而消聲匿跡，我等凡夫俗子不可不慎。

順勢者昌，逆勢者亡，介入股市時，看看大盤的方向及力道；介入個股之前，對這幾條均線多看幾眼準沒錯。**其實你根本不用去分析市場要往哪邊走，只需要在一定的條件下，被動地跟著市場走，把你會打的球安全打出去就好了。**

雖然如此，但我不建議初學者一下子看這麼多的均線，你只要先用兩條大一點的均線作為你的趨勢方向，決定自己的操作週期，然後以小一點的均線的突破或跌破當買賣點就可以了。比如下圖這樣多的均線，看起來相當複雜，卻沒有重點。

趨勢生命力

　　所以，我建議大家將均線的數目減為三條線就夠了。比方說你的週期是短線的5MA，那就加入中長線的20MA和50MA當長線的趨勢方向。如果你的週期是中長線的20MA，那就加入長線的120MA和250MA當長線的趨勢方向。

　　只要了解長均線取其長期的穩定，短均線取其轉折的犀利，至於參數多少、如何搭配，你可以自行運用，畫面上放太多均線可能會讓初學者混淆，對操作來說未必有利。

　　那麼，也許你會問，如果用短線2MA和5MA當切入點，而長線用120MA和250MA當方向，可不可以？當然是可以的，只要你用得習慣就好了。

　　關於馬車論還可以引申為「馬力論」，怎麼看呢？比如說2MA就有2匹馬力，5MA有5匹馬力，20MA就有20匹馬力……以此類推。如果中長線的20MA和50MA都往上，那加起來就有70匹馬力，這時候

短線的2MA和5MA又往上，就共有77匹馬力。這樣你可以了解多空力道的關係了吧！

均線不需要太複雜，下面這章我們先抽絲剝繭，談一些多空判斷的基本觀念。

■ 扣抵價的運用

均線的來源是最近N日的收盤價平均值，這平均值本身只是一個數字，並沒有什麼用處，但是如果把它放到K線裡面，就有參考價值了。股價在均線上方，則股價繼續往上的機會就很大；如果股價在均線下方，則股價繼續下跌的機會就很大。

所以有人認為均線有助漲和助跌的功能，也就是這個道理。而均線為何會上升呢？主要是受到：

1. 現在K線的影響。股價在均線上方、K線收紅上漲，均線就會上漲。
2. 扣抵價的高低也會影響均線上揚的力道，扣抵價低均線上揚力道強，均線扣高上揚力道就會減弱。

我用20MA舉例：

這是加權指數的K線圖，最後日期是2008年2月18日，此時20日均價在K線下方，也就是價位比20MA還高，但為何均線沒有上揚呢？此時該不該買呢？

站上均線理當均線會上揚才對啊！這就是因為扣抵價仍然很高，在比目前價位還要高的位置，扣抵區間也是高價區，所以經過平均後的均線仍然是向下，但是因為扣抵價將在七日後扣到低檔，此時我們可以假設「如果股價能夠維持在均線上面，再過七天均線將會上揚」。

　　這張是後來K線上揚抵銷掉高扣抵的情況。到了2月26日，也就是七天後，股價仍在均線上方，可是這時均線卻還是沒有向上啊？

　　如上圖，股價已經到8300點了，我們可以很肯定的說均線20MA一定會向上的，因為將來扣抵的位置都比現在價格低很多，我們可以預期20MA會往上，而且因為扣抵區間在7800點之下有十幾天的時間，將來好幾天都會扣抵低價區，所以可以肯定地說，未來幾天只要股價能維持在7800點上方，此後的均線將會開始高角度上揚。

這樣的預測是不是真的如此呢？我們再看下圖：

現在的價和均線都往上了吧！這樣看起來好像是股價能漲比較重要，均線一點用處也沒有嘛！對的，均線看起來真的毫無用處，但是實際上並非如此！如果你了解扣抵價和扣抵區間的用途，你可以提早規劃和提早動作。

我們先用較短的20MA了解了扣抵價對均線的影響之後，再來看比較長的均線是否一樣！

舉長一點之前的例子好了：

這是1998年4月23日的加權指數圖，加權指數跌破季線50MA之後，扣抵價在箭頭所指扣抵日的位置，你可以看到整個季線上方都是將來要扣抵的高價區，都比現在的價位高！也就是所謂的頭部！所以，我們可以預知除非能夠不斷地長紅拉出，季線肯定往下掉下去，那樣的話，長線可以看好嗎？你猜！

我們來看下圖，是否讓你有所領悟呢？

　　因為高扣抵區間很大而且價位很高，所以50MA就一直往下壓著股價往下走。均線居然有這樣的力量？很驚訝吧！這不是均線的力量，我再說一遍：這是K線的力量使然，因為上面扣抵區有很多K線壓著這裏，也就是所謂的頭部，除非將來的股價能夠上漲，否則就是被壓下來。

　　再看一圖，下面這張圖是上面那張圖的延續，股價已經站上50MA，你考慮看看，這裡可以不可以買進呢？

　　以扣抵價來看，扣抵日的扣抵價仍然在高位，扣抵區間也在高位，且比目前的價位要高很多，而且距離扣抵高位的時間還有16個交易日，以此看來並不是好的買進區，因此觀望一下，要作多也等待這高扣抵區時間拖過了以後再決定。

　　後面我們會談到季線是很重要的一條中長線的多空分界線，那跌破季線為何要賣？突破季線為何要買？就要看扣抵價和扣抵區間，如果扣抵價對均線的發展不利，就得等局勢明朗一點再進場比較好。

趨勢生命力

我們把這張圖後面接續下去看完，好奇地偷看一下後面演變是如何。

很不幸的，後面接續下來是大跌的！你有猜對嗎？

均線之所以有助漲和助跌的力道，原因在於均線上方的K線的扣抵。用均線就一定會用到扣抵和扣抵區間，均線的方向能否改變，扣抵價和扣抵區影響力很大。站上均線可不可以買，用眼睛估算一下扣抵價和將來的扣抵區間是高或是低，再做決定會比較保險。

這是一點小技巧提供你參考，當然你不必天天盯著扣抵價看，只要在該注意的時候注意一下就行了。我也建議各位找一條你喜歡的均線，用來作為多空的依據，沒有站上均線之前不用買，站上均線之後，還要看看扣抵價區是高價區還是低價區，多一層確認，多一層保障，股市是金錢的輸贏，小心一點總是好的。

乖離率找頭找底

講了均線就不得不談一下乖離率。

什麼是乖離率？乖離率是依據移動平均線的原理衍生而來的。當股價已離平均線太遠時，股價便會向平均線靠近，無論上漲或下跌皆是如此。

計算方法為：(股價－均線價)／均線價×100

如下圖：

我們常常聽到或看到：乖離過大會有拉回，或者乖離過大會有反彈。到底乖離要大到多少才叫作過大呢？這實在是無解，因為乖離率這東西是以股價和均線的距離來計算，而股價和均線卻沒有一個固定不動的，兩個都是會動的變數，要取出合理的乖離率就比較難！

趨勢生命力

依據奇狐的計算公式和用法說明如下：

BIAS 乖離率計算公式：

BIAS1：

(收盤價－簡單移動平均(收盤價,L1))／簡單移動平均(收盤價,L1)×100

用法：

- 乖離率表現個股當日收盤價與移動平均線之間的差距
- 正的乖離率愈大，表示短期獲利愈大，則獲利回吐的可能性愈高
- 負的乖離率愈大，則空頭回補的可能性愈高
- 按個股收盤價與不同天數的平均價之間的差距，可繪製不同的BIAS線

以計算公式來看，因為均線並非不會動，因此股價跌，均線也會跟著跌。實際上考證，在強力上漲和強力下跌的盤勢中，乖離率和股價的高低點並沒有密切的正相關，每一檔股票乖離高低點的值都不一樣，因此很難有一個比較有價值的數字可以參考。以加權指數來說，乖離率多少會成為股價的高低點呢？若股價與5日線的乖離率達3％以上，短線上就有拉回或反彈的可能；若以月線來看則是8％上下，季線則是10％上下。當然這是一般經驗上的值，總也有七、八成的準度。我想在這附近小心一下應該是必要的。

以大盤來說，有時候我也會看一下月線和季線的乖離，但很少因為乖離到了高點或低點就以此做買賣點，只是到了乖離值該注意的地方，我會特別注意短線的買賣訊號，如K線、短均線、指

標……等等，用這些東西來配合使用比較實際些。

各種指標的使用，我都把它當作「提醒的訊號」，乖離率在應用方面也是如此，當乖離值小於0，是再次提醒我們股價已經跌破均線；乖離值大於0表示股價已經大於均線。

而在個股的運用上，如果要用乖離率找高低點，大概只有從最近一、兩年的歷史找出其可能的最大乖離值和最小乖離值來參考。如果乖離值到了高點這位置，就要小心賣出訊號；乖離值到了低點的區域，就要小心回補的訊號。

關於乖離所衍生出來的指標有標準差軌道線、布林軌道，國內有名的有天羅地網線，都是利用乖離和標準差所設計出來的指標，這些指標因為都需要軟體提供或者是用自設軟體做自設指標才能顯示，本書就不做探討，如果各位有興趣可以買專門的著作來看，寰宇出版的《包寧傑帶狀操作法》是探討這項技術不錯的參考書。

中長線多空分水嶺

我常常想，如果股票操作能夠「自動駕駛」那該多好，我只要在中午休息時間看一下尾盤，看到訊號就買進或者賣出，不用盯盤，不知道有多好！其實自動駕駛的交易系統到處都是，只是看你是否敢不理會短線和盤中的震盪而已。

均線就是一種自動駕駛的工具，它不需要複雜的計算，也不需要高深的買進技巧，進場和出場都很簡單。不過，在穩定性方面季線對中長線的操作者來說算是不錯的了，說是「一線定江山」也不為過。

趨勢生命力

這個50的數字，拿來用在均線的參數，就是50MA，我把這條線當作季線，季線在台股是一個中長線循環，一條均線就可以告訴你往後的多空趨勢，但是，你相信這真實的歷史資訊嗎？

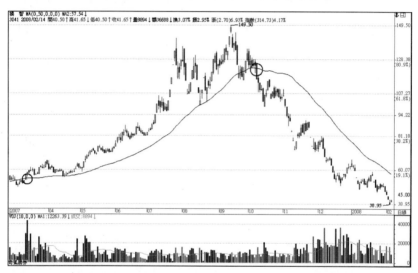

台股最常出現的週期循環大約是三個月，也就是大約66個交易日，但我喜歡用50MA當作季線，沒特別的原因，純粹喜好而已。50MA不但可以判斷股票走勢的強與弱，更不會讓地雷近身，如果你相信它，它將會幫我們在投資路上增加獲利並看好資金不被大量流失。

50MA是股票中線強弱的分水嶺。冗長的多空文字敘述，都不如簡單的一條均線清晰又真實。在日線上打出K線圖，配上50MA，股價走勢的強與弱便一目了然；股價在50MA上方的可以買進作多，如果股價在此線之下，最好減碼應對，甚至斷然出清。如果50MA是向下的，建議不要持有，因為就算是正常的公司此時也會不斷大幅震盪盤整或下跌。

■ 跌破季線宜作賣方

股市的經驗都是用實際的銀兩換來的。不斷將金錢投入買賣，殺進殺出，並持續修正錯誤，把正確的操作方法與看法留在腦海，用正確的方式賺取利潤。所謂投機和投資的分野，並不是操作時間的長短，而是看你有沒有依照自己所制定的買賣法則進行買賣，如果有，那就是投資；如果沒有，那就是投機！

波段操作不是三天收紅盤即獲利了結，而是一個景氣循環的波段。依照個人多年的觀察，股市強弱一線分，加權指數的50MA向上，應該是一個景氣循環的開始，這時利多充斥進場作多，勝算特高，雖然容易錯過一些低價的買點，但可避開大跌股和地雷股，萬一看錯時也容易停損保命出場。

就季線的趨勢而言，就算是你是投資客，在高點季線將要跌破的時候買進，我都認為這是投機，而且是吃虧很大的投機！

如果加權指數的50MA向下，感覺上是一個景氣循環的結束，此後利空不斷，大多數的股票都在大跌，此時選多頭的股票就很困難，反而是選股作空的好時機。大盤50MA向下，就算讓你挑到了強勢股，大家都在跌你也很難抱得住，容易被震盪出局，勝算很低。

以勝率來看，大盤走多頭，找多頭的股票作多；大盤走空，就選空頭股票作空，這才是高勝率的方式。而中長線的多空其實就是這條均線就很夠了。

趨勢生命力

■ 覆巢之下無完卵

　　小時候在鄉下，院子裡的樹上常常有鳥兒來築巢，每年颱風過境總有幾個鳥巢會被颱風打下來，院子裡也可以撿到鳥巢還有一些破碎的鳥蛋，或者是還沒長毛的雛鳥屍體！至今印象深刻。

　　古諺有云：「覆巢之下無完卵。」什麼是覆巢？簡單說就是當大盤跌破季線，且月線小於季線之後雙線下跌，這樣的空頭情況容易形成「覆巢」現象，跌破季線之後再回頭看看這時的K線型態，會感覺有頭部的雛型，如果你把跌破季線的位置往左拉一條線，在季線上的K線組合像不像鳥巢反過來了？

　　而這鳥巢的部分就是50MA的高扣抵區間，也就是所謂的頭部。這樣看待這個鳥巢可以嗎？

　　K線如覆巢，接下來的情況就是鳥巢裡的鳥蛋(個股)都掉下來了，掉到地上的蛋會不會破？這樣就容易思考了。覆巢之下作多，早跌晚跌總是要跌，持續持有股票最後總是非死即傷，不可不慎。

1907 永豐餘

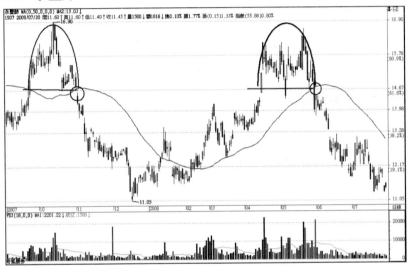

趨勢生命力

2501 國建

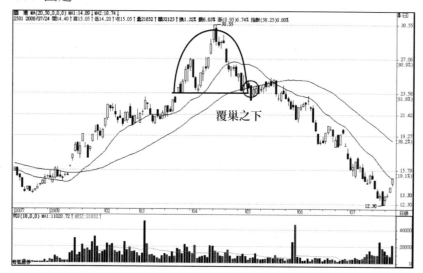

覆巢之下

加權指數跌破50MA之後要特別小心個股會紛紛出現的覆巢現象，這會引發多殺多，然後股價便紛紛的往下掉了。

你不必聽我片面之詞，不妨親身一試，大盤跌破季線、空頭開始的時候，去找一檔在季線下的股票買進然後持有，看看會發生什麼事；為了你好，但願你能一試，證明我是錯的。

股市有所謂波浪理論，50MA算是一個潮汐，退潮時，與其費盡力氣想讓水位上升，不如等待下一個漲潮讓潮水自然回漲。我們只要在K線圖上設下50MA，然後巡視一下K線圖，就可以簡單地從個股的股價紀錄中看出該買、該賣還是該持有。

50MA有避開大跌股的重要功能。看看在50MA是向下還是向上，再看看站上50MA後是跌還是漲。

　　如上面鳥巢所示，當加權指數跌落50MA之後，通常會有一段很深的跌幅，而且時間滿長的，大概會延續兩、三個月；運用上，**我通常把這條線當作道氏理論中的長期趨勢線來看待**，也就是股價在50MA上方且50MA往上，是底部成立多頭長期趨勢的開始；當股價跌落50MA下方且50MA往下，則是頭部出現空頭長期趨勢的開始。

　　還有一個很特別的現象：股價在50MA上，利多消息特別多；股價在50MA下，利空到處都是。不信？下回你多注意報紙和新聞，觀察看看。跌破50MA又見到50MA往下，是對多頭的致命一擊，市場殺你的時候從來不會眨一下眼睛，我們只能練好閃躲的功夫免得被坑殺。很多人明明知道跌破季線是空頭來臨，這是致命的武器，但學習如何避開它，願意避開，以及肯定會避開，仍然是相當艱辛的過程。

　　在新兵訓練中心，班長教士兵投手榴彈。

　　班長說：「手榴彈投出去後，一定要馬上臥倒。如果不臥倒，你們知道會怎樣？」

　　「班長會罵！」新兵齊聲說。

　　股市操作，跌破季線最好馬上賣出臥倒，如果不臥倒會怎樣？

　　不會怎樣，也沒有人會罵你，只是會跌得讓你很不舒服，會讓你的戶頭縮水而已。住套房的代價就是股價下跌，最後由你戶頭裡的新台幣來負擔套房的支出，如果你很樂意付出房租費，那有誰會說不好呢！

　　如同老闆經營公司，景氣好、有利潤，才會雇用員工，不景氣的時候，不是裁員就是減薪；如果你把這條50MA當作公司能否獲利

趨勢生命力

的指標，把這條線當作裁員的標準，那碰到員工對公司的貢獻度低於此標準的時候，你會如何做？要裁嗎？還是不裁？

50MA對於避開大跌虧損的功效到底如何？我舉些例子給各位參考，先舉例一段比較經典一點的：2002年5月2日加權指數跌破50MA之後，從6000點跌到3845點，總共跌了約2200點，歷時四個多月。

鳥巢翻覆真的很可怕！很多人喜歡摸頭摸底，但卻不知道頭和底永遠是股市的秘密，真的很難猜測，要摸頭倒不如等待頭部出現，再進場操作，賺取大趨勢的錢來得輕鬆！

　　跌破50MA就可以檢視頭部是否成立？這是最簡單且輕鬆的方法了。

　　我們把這個觀念反過來看，底部不就是鳥巢築好了嗎？那站上50MA之後，鳥蛋大概也都孵出雛鳥了，沒多久就會飛了！會飛多久、多遠呢？請自己印證看看吧。

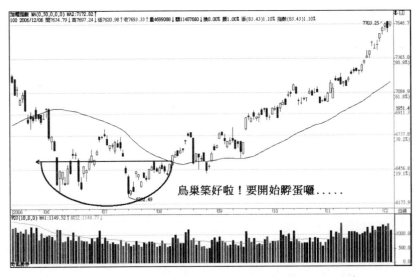

鳥巢築好啦！要開始孵蛋囉.....

　　股票操作時，必須有對後面一段時間，會是什麼樣子的概念。長期的均線是台股的一個中長期的主要趨勢，站上之後會走兩、三個月的多頭，跌破之後也可能下跌兩、三個月是空頭。把長線趨勢都想好了，就算短線的轉折作得不是很好也不會錯太大。就算姿勢差一些還是可以得高分。

趨勢生命力

　　光靠這一條線很簡單的操作也可以獲利呢，不信嗎？看看最近的例子。

2007年11月，跌破季線，到隔年2月見7384低點，跌了三個月。

2008年2月底站上季線，到5月底跌破季線，漲了三個月。

2008年5月底跌破季線，到7月底還再跌……！要跌多久？保守點預估也是三個月好嗎？那就是到10月再說囉！

　　當然，**跌破季線走空三個月，站上季線走多三個月，這只是概念**，並不是每次都會這樣，它只是告訴我們跌破季線後，有一段長時間股市的樣子，讓你心裡有底讓你知道該怎麼做才好而已。

　　為了在股票市場生存，只有一條守則——**做對你有利的事**，所有的優良操作都只像例行公事般，只要我們持續做有利的事，就會有正面的結果出現。加權指數如此，個股就更不勝枚舉了，我們找幾檔個股的K線圖來看看，以加深印象。

2106建大：兩次跌破季線（畫圓圈處）結果都不好吧！

2308台達電：2007年11月跌破季線後走空兩個半月，股價腰斬，跌得七葷八素。之後雖站上季線但反攻無力，再次破季線又跌了兩成。

趨勢生命力

　　當然也有跌破季線之後，沒有大跌的情況，如下圖1802台玻，
這張圖就是一例。這也告訴我們，任何事都會有例外，但通則是跌
破季線不看好，就算沒大跌，這樣長期的盤整不避開，上上下下的
大幅震盪，也夠你受的了！

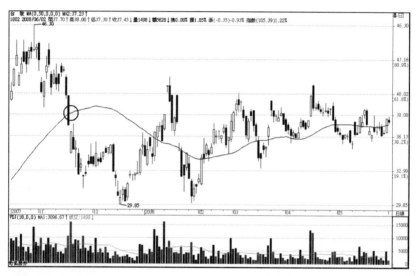

再如下圖台玻跌破季線後，雖然盤整了將近半年，但終究敵不過520總統就職之後大勢不佳，最後還是下跌腰斬。

這些公司基本面有什麼問題嗎？想想看，同一家公司三個月前和三個月後基本面的變動不會太大吧？為何股價的變動會那樣大呢？很多時候其實不是公司的基本面有大變化，而是代表大環境的加權指數有大變化！大家都跌，再好的股票也會被抽回資金的賣壓賣到跌下來。這是大趨勢的力量使然！

簡單一點說，選股有一項很重要的大原則，就是股價一定要在季均線上方；且均線往上，只有在你確切知道它將往上走時才值得買進！跌到季線下方，就代表大整理的開始，整理區間可大可小，若是跌破末升波的低點後季線下彎，加上反彈無力再次破底，那跌勢就會很長很深，最後一敗塗地。

趨勢生命力

　　股市裡面只要做好必要的家庭功課，該來的錢絕對會找上門。如果願意避開跌落季均線下方的股票，碰上大跌股和地雷股的機會就相對少很多。站上季線才買，可能讓你少賺了底部到季線的利潤，但少賺絕對比大賠要強上幾百倍。

　　現在請你用季線和鳥巢原則來試試看，這幾檔股票出現這樣的圖，你要不要賣？

1101　台泥

1218 泰山

1314 中石化

趨勢生命力

2351 順德

3388 崇越電

　　上面這些圖的答案，請自己在電腦上打出來看，其實每一檔股票都有這樣的走勢，跌破之前和跌破之後的方式和型態雖然略有不同，但從跌破的這一天起往後看個一、兩個月的紀錄，你會發現，跌破季線之前大多已經有頭部，而跌破季線後，十之七八不是大跌就是大盤整，如果你有充分的時間，把台股一千多檔股價圖都看過一遍，相信看過後你會很有感覺的。

有效避開地雷股的神秘武器

　　再好的股票都會怕公司老闆胡搞亂搞，投資股市，最怕的是十三點半的收盤鐘聲響過之後，突然一個跳票或掏空的新聞出來，手中的股票變成「地雷牌壁紙」！我曾在講座中向學員做過簡單的調查，居然有5%以上的人，曾經買過遭到下市的地雷股！

　　會成為地雷股的公司，絕大部分是因為財務出問題，而出問題大概都是從「退票」的新聞見報開始。不管發生退票的原因為何，退票消息一出現總會天天跌停，求售無門、萬家哀號，我想你或者你週邊的親朋好友，多少都有碰到過地雷股的經驗，那平白無故、一夕之間股票鈔票化為烏有的經驗，真的是錐心之痛啊！

　　我有位朋友買了不少萬有紙業，因為套牢了，想說就留給女兒當嫁妝吧。後來事業一忙，就把這件事給忘了。當他那讀國小的女兒長大後準備結婚時，才想起放在保險櫃中的股票，打電話給證券公司要賣這些股票，居然沒有營業員知道有「萬有紙業」這檔股票！後來查了很久，原來這家萬有紙業已經下市多時了！

　　當然，這類的股市笑話不少，你不理財，財不理你，我覺得既

然投資了一家公司，總是得花時間去關心它一下吧。

有人認為10元以下的股票不要碰，因為很多地雷股都是10元以下的股票。這點言之有理，但卻未必是真，因為也有不少公司爆出地雷的時候股價也不低，過去的台鳳引爆地雷是在60元上下；東隆五金爆地雷的價位接近30元；2004年博達財務傳出問題的時候股價70、80元，該公司的CB價位接近百元；2007年的雅新，爆出地雷的價位也在26元附近。票面下最容易爆出地雷，但並非絕對。

■ 看財報真的可以避開地雷股嗎？

也有人信誓旦旦，如果懂得財報中的數據如現金流量、負債比例、損益情況、應收帳款（尤其是與子公司的部分），關係人交易有無異常，配合大股東質押比例，就能夠避開地雷股，確實如此！看得懂財報的人，對財務不佳的公司，用這些財報內容去篩選，九成以上是可以避開地雷股的。

但我想請問，有多少散戶有功夫去研究財報？有多少散戶真的看得懂財報裡的玄機？還有，你看到的財報資料一定是真的嗎？

老實說，沒有幾個人是真正懂得一家公司財報的真實內容的，就連經驗老道的會計師都曾表示：「除非你是這家公司的會計師，否則無法真正了解公司情況，法人和嫻熟會計作業的專業人士，都很有可能被蒙在鼓裡。」

有人開玩笑地說：「公司都有兩套帳本。」有些公司內的會計人員也相當高竿，可以把帳作到連該公司的簽證會計師都蒙混過去。公司一旦暴出地雷，連一向與上市櫃公司平起平坐的專業會計

師和專業投資機構，都有可能栽在假帳本的地雷之上，更何況是一般對財務報表不甚了解，或根本不會看財報的投資人，怎麼可能幸免於難？

　　財報要怎樣看？我懂得不多，我們也無法拿到公司**真正的**財報資料來分析，就算拿得到，我的分析也不一定準！好的基本面也要等到真的發酵了才有用。你會覺得奇怪，我的選股並不是靠公司的EPS，也不是營收和其它財務狀況，對我來說，K線圖上的訊號是最真實的，其它都是「幻影」，我們只看真實的東西就好了。

■ 選品格端正的經營人比看財報有用

　　我的建議是，**與其看財報，不如選擇有誠信的人所經營的公司，還比較直接且妥當**。形象良好、正派經營的公司及老闆，只會努力讓公司從本業中賺錢，而不會走旁門左道從事太多業外投資，也不會想要去操縱股價，或者在財報上作假。如果投資人不認識老闆，又無法從各種資訊和接近老闆的員工口中，得知他的真正為人，要投資這家公司，還是小心為宜。

　　因為，我們很少有機會認識這些公司的經營階層，也不太可能有直接的內線消息。就技術面來說，我只用**是否站在季線之上**這種過濾方式，比查看基本面和營收等等的財務報表要強很多。在我看來，用季線可以看出一家公司的真正情況是好是壞，有沒有問題？這絕對不是開玩笑的。

　　股價大跌，只要熬的時間夠久，還有機會解套，但碰到地雷股而大虧，完全沒有扳回來的餘地，這是非戰之罪。很多人蒙受這種

趨勢生命力

切身之痛後，就改作期指。因為以全體股票計算出來的加權指數，是台灣最大型的一檔股票，不可能會是地雷，相對的，以加權指數為標的的指數期貨，也不可能碰上地雷。台灣的幾個經濟數據都很透明，政經情況也容易從新聞獲悉，只要根據自己訂的進出規則操作，就算股票的地雷猛爆，也不會受到太大的影響。

我就是其中一個因碰過地雷而改操作期指的人。過去我也買過兩檔後來成為地雷股的股票，一檔是台鳳，一檔是中精機；兩檔重傷後我就改作期指，投資在股票的資金縮小到很少，因此也都只選擇少數幾檔大型股操作，賺多賺少是一回事，盡量讓地雷股不近身，才能永保安康。

■ 神秘季線，地雷不近身

財報和基本分析一樣難，那麼，在技術分析上有沒有辦法分辨地雷股呢？有一種簡單明瞭的方法，就是「季線判別法」。大多數地雷股的股價是在50MA下方！

想起一個故事：

男女朋友出去旅遊，在飯店睡同一個房間同一張床。睡前，女的摺好毛巾在床中間隔了條線，並且跟男友說：「過線的是禽獸！」

醒來，發現男的真的沒過線！

女的便狠狠打了男的一耳光說：「你連禽獸都不如！」

季線在個股股價方面，除了上面所說的是長線多空分水嶺，可以避開股價大跌外，還有一項篩選掉地雷股的重要的功能。我觀察過會下市的「地雷股」，大多數是在季均線走空的情況下發生的！

這項觀察也包括：大盤跌落季線下方走空的時候，特別容易出現地雷股！

如果你不想碰上地雷股，當指數或個股股價在季線下方，便盡量少碰股票為妙。如最近的雅新和遠航，發生地雷的時候，股價都在季線下方。

雅新：

趨勢生命力

2605遠航：

OTC:遠航資金缺口需再瞭解 14日起改全額交割

2008/02/12 21:31 中央社

THE CENTRAL
NEWS AGENCY
中央通訊社

(中央社記者韓婷婷台北2008年2月12日電)遠航(5605)驚傳5日退票，金額1.5億元，引發市場關切遠航財務資金缺口問題。櫃買中心副總經理寧國輝今天表示，已赴遠航查核，初步了解此款項為中油油款且為本票非支票款，遠航資金缺口是一時或長期累積下來的問題，需再進一步瞭解。14日起遠航交易變更為全額交割股。

遠航2月5日發生存款不足，退票1.5億元，櫃買中心公告，遠航2月14日起採每30分鐘撮合1次的分盤交易方式交易，交易變更為全額交割股。

地雷股隨時都在我們身邊，它們的臉上不會寫著「我是地雷股」，但是卻防不勝防！坊間有太多「如何避開地雷股」的書籍，網路上也有很多在公司出事後，舉出財報內的數字，如「現金流量表」、「應收帳款太多太集中」⋯⋯，頭頭是道地告訴你，這檔股票的公司財務報表中哪裡有問題的文章。

　　真的很抱歉，我們看到的這些都是事後諸葛，就如同考試時在考場思索半天寫下的答案，出考場居然馬上想到正確的答案而你寫錯了，這時你會後悔當時沒有仔細計算，但你能夠回考場內更改答案嗎？

　　我不是反對你研究財報，但說真的，財報是相當專業的東西，一般散戶很難搞得懂，何況你的資料是過期的，還是即時的呢？當然如果你略懂財報，那看看公開資訊中的配股配息紀錄，對帳面數字不好看或有疑慮的公司、每年都不賺錢的公司、每年都不配股配息的公司，選擇避開它而不去買它，也是很好的辦法。

　　想要不讓地雷股上身，更直接一點的作法就是，只買台灣五十中的大型龍頭權值股。這種股票就算下跌，抱著產業龍頭當長期股東也還算安心，要套牢也要套在這種沒有問題的績優龍頭上吧！

　　也有人用技術面觀察到地雷股有些技術面上的特徵：

1. 突然連續下跌：若大盤在上漲的時候，該公司並無特別的利空消息傳出，但K線卻呈現連續下跌，這就是很可疑的訊號。
2. 跌深反彈：跌深之後，在低點位置爆出不尋常的大成交量，K線出現止跌或甚至是跌深快速反彈的強力走勢。
3. 融券暴增：消息靈通的人和市場禿鷹，會去融券放空股票賺取暴利，例如雅新，在地雷爆發前，融券張數都曾爆增。

　　林林總總的方法，都在提醒大家耴何避開地雷股，這些都很不錯，可以參考。技術上，用一條季均線50MA就可以幫自己避開危險，這樣簡單的方法你為何不用？

趨勢生命力

　　季線對篩選弱勢股和準地雷股來說是可以信賴的。信不信由你，你可以等下回出現地雷股的時候拿來印證。

　　寫著寫著，今天又出現一檔下市股3079宏億。以後你還要買這種季線50MA下方的股票嗎？

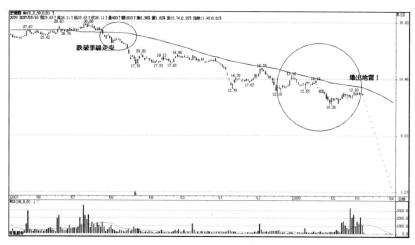

　　2008年6月，再補上一檔6232仕欽：

《電腦設備》跳票！仕欽明打入全額交割股，股價跌停

2008/06/26 13:27 時報資訊　　　　　　　　【時報記者 任珮云 台北報導】

　　機殼廠商仕欽(6232)驚爆跳票1.18億元，今天跳空重挫跌停，仕欽將在明(週五)打入全額交割股，如無法在3個月內回補欠款，不排除會再處以暫停交易的處分。仕欽指出，子公司富仕科技(香港)因向台灣工銀辦理聯貸借款，原金額2,500萬美元，經攤還本金利息後，目前尚餘未借款375萬美元，折合台幣1.18億餘元。但因富仕科技(香港)無力繳付本金利息，因此台灣工銀遂軋入該公司開立的保證票據1.18億餘元，致使仕欽存款不足發生跳票。櫃買中心強調，仕欽昨日跳票，處以全額交割只是第一步，如仕欽無法在3個月內償還欠款，會再處以暫停交易，再6個月無法清償，則會遭終止交易。

我們來看看6232仕欽的K線圖：

　　從K線圖上，這間公司在2007年10月早就跌破季線，且季線下彎，屬於大跌股，是早該出清甚至反空的股票，何況在2008年2月加權指數開始展開兩千點的上漲過程中，該股卻一動也不動地待在季線下方，這樣的股票冒出地雷你會很奇怪嗎？

　　股市大跌也很容易出現地雷股，在空頭市場地雷股特別多。主要原因都是因為公司營運資金的調度出了問題，或以子公司大量應收帳款粉飾帳面，股市大跌，公司資產縮水，銀行融資或者其它管道的借款額度都會緊縮，有些公司就會撐不過去，這是可想而知的事。

趨勢生命力

■ 歌林也驚爆地雷！

歌林明起打入全額交割股

日期:2008/07/15 04:33

　　證交所實地查核歌林(1606)財報後，發現與美國客戶SBC(Syntax Brillian Corp)應收應付帳款仍存有重大疑義，經歌林昨(14)日重大訊息說明後，仍未釐清相關疑點，為保護投資人，證交所決議變更歌林交易方法，預計7月16日打入全額交割股。

1606　歌林的K線圖：

　　歌林是老牌績優股，也一直是我很喜歡短線操作的股票，我在2008年2月初還搶過它幾天的短線，但4月底跌破季線後就沒有持股，因為一直沒有回到季線上方，也就沒有加以注意。

　　2008年520總統就職典禮後，股市從9300點大跌到7月15日的6800點，歌林也順勢大跌，沒想到連歌林這樣老牌的股票都出了問

題，真是意外！還好因為有依法，不買股價在季線下方的股票，也就沒有被地雷爆到。

其它過去發生地雷的公司還有很多，印象中如大明紡織、國勝、光男、同光、順大裕、寶建、誠洲、久津、新燕、福昌……太多太多了，族繁不及備載。如果你查一下上市公司的股價代號表，股票的代號應該都是連續的，如果跳號不連續的代號，可能就是變成全額交割股或者是已經下市的股票，如1105、1106、1107、1202、1204、1205、到1209……等等，很多很多喔！

現在恐怕都很難查到這些代號的股票名稱了，如果你手中還有這些個股的K線圖的話，大可把它拿來印證，這些不見了的股票，其股價是否下市前都早已在季線下方了！

股票開市以來，到底有多少公司下市了？它是為何下市的？我不知道過去這些地雷股的基本面是怎樣，但我們只要遵循一個簡單的守則：**季線下的股票要盡量避開，只要每次都順著向上趨勢往上買，就可簡單避開地雷股了。**

季線，不但是一條避開大跌很重要的多空線，也是一條避開地雷很重要的生死線呢！你認為呢？

當然，如果只是打入全額交割股還有機會脫手，最好趕快出清，也許將來也還有機會翻身，重整成功再度恢復交易，但這樣的例子太少太少，就算重整也需要很長的時間，股本經過大量減資重整後，你的股數恐怕也所剩無幾了。

趨勢生命力

掌握賣點，停損是必備的功夫

我們不能一廂情願地認為市場一定會如我們所想的那般走，看了上面這麼多張圖只用一條季線，就定出跌破走空頭的走勢圖，我不知道你有什麼樣的感覺？太簡單了！我都懂了！

沒錯，真的是太簡單了，只要有看過K線圖的人一看就懂，一條線花那麼大的篇幅是不是有點太小題大作？做學問本來就要小題大作，要不然怎會刻骨銘心呢？

不過，請問你一下，跌破季線就賣出，你做得到嗎？我想除非你有過切膚之痛的親身經歷，否則這些對你而言也只不過是陳述歷史線圖而已。羅威是因為曾經在季線下沒有賣出遭到很大的損失，也在地雷股上吃過大虧，才會對50MA季線這樣敬重有加啊！

股票操作歸結到最後，只有「買點」和「賣點」。**買點來了現金換股票，賣點來了股票換現金**，這才是操作的真義。至於賺錢或者虧損，其實不必太放在心上，只要遵循買點和賣點的規則，我想一切賺賠都會可以自然接受的。

就算是優秀的操作者，他的勝率也不會很高，多數的操作也多半是以虧損收場，如果你不能夠接受虧損是一種常態，就無法在市場告訴你「你錯了」的時候認賠出場，也就無法在當系統告訴你對的時候，抱牢而賺到大錢。均線系統當然也不可免的會因為失敗而造成虧損，但是一旦成功，所獲得的利潤　對會遠遠超過虧損的金額。

股市操作最重要的是什麼？是技術嗎？不是的！**股市操作中最重要的是「錢」**。股市是錢咬錢的遊戲，有再好的技術，如果沒有

錢可以進場，這些技術什麼都不是，所以你一定要看好你的錢，絕對不可以看輕你的錢，尤其是有危險的時候，更要小心，絕對不可以因小虧損不處理而演變場大災難。

趨勢是有生命的，每當我作錯方向，我總會聽到錢先生跟我說：「你不理我躺？那我以後也不理你了！」這就像小孩子耍脾氣時說的氣話，但我聽到了之後就會趕快出場。錢是我用來咬錢回來的工具，把它養大都來不及了，怎麼可以放任它縮水！其實，許多時間我都完全只握有大部分的現金，特別是在空頭的時候。

很可惜，股票走空頭的時候總是有很多人不知道危險到了，應該賣出股票留下現金，空頭隨便賣都可以隨便賺（不虧就是賺），或許他們根本不知道何謂空頭、何謂危險、何謂賣點，總是一味抱牢，最後在跌得很深、虧損很大的時候，才突然驚覺財產嚴重縮水，猛然覺得「早知道……就賣掉了」。但現在想要賣時因虧損已大已經賣不下手了，於是就閉著眼睛看它下跌，等收到追繳通知又無力補繳，只好斷頭黯然出場。

■ 停損是有智慧的決定

股市的智慧其實就是人生的智慧，了解人生應該平安就好。股票買賣是將本求利的生意，最後所求不也是平安獲利嗎？只要跌破季線，後面總有一大段跌幅。

我認為在季線往下的空頭初期去攤平是很笨的，所以絕對不要對虧損的股票攤平，同時我又對資金的保護相當嚴苛，只要觸及停損點一定走人，寧可停損小賠也不要硬拗大賠，當然也不會去管是否殺在最低點、後面是否會漏失大行情。就算停損錯了，也不會懊悔。

趨勢生命力

營業員告訴我，2008年總統大選後，他有位客戶因為他認為股票一定會大漲，以800萬現金投入融資大買股票，520總統就職後股市大跌，中途自行補繳了保證金100萬，但七月初股市跌到七千三時已無力再補繳，終於斷頭出場，只收回不到80萬的現金！

我在想，做融資總要有「獲利時雙倍獲利，虧損時雙倍虧損」的自覺，如果這位投資人在五月底加權指數跌破季線的時候賣出股票，或者在個股跌破季線的時候賣掉斷然出場，這樣會需要補繳嗎？會面臨斷頭的命運嗎？

跌破季線就算輸了10%或15%，你停損出場也還可以拿回五、六百萬，這樣比補繳一百萬然後拗到斷頭，只拿回不到一百萬來得好吧！一念之差，結果是天堂和地獄之別。

從事任何交易前，理所當然地要先制定完善的策略，推測之後可能發生的最壞情況，並做好因應之道，當然停損已隱含其中。不

願停損的人不是事前沒做好規劃，就是碰到狀況不願意認輸，加上鴕鳥心態，對大跌和虧損視而不見，以為可以硬撐到它上漲解套，但大部分這樣的人最後都以大虧收場。

■ 價格為真　其它都是幻影

　　一個空頭來臨，不以技術面的賣點為依歸，而心存對政治上或公司基本面上的幻想，最後遭到斷頭的局面，這樣的例子還真的很多。虧損不賣，但是股市並不會因為你不賣而停止下跌，這樣的鴕鳥心態，每一次大跌就有很多血流成河的案例，也許你身邊的親朋好友就有這樣活生生的例子，真是情何以堪。

　　有賣點就該賣；賺錢要賣，虧錢更要賣！停損是一種煞車作用，踩下煞車就能保障我們的資金不再融化，讓我們還有資金能繼續在股票市場存活下去，畢竟，活下去比什麼都還重要！

　　最初的賣點總是最好的停損點，季線跌破後賣出，已經是最後的賣點，這個點跌破，賺錢要跑賠錢更要跑，就算賣出後它會反彈還是要跑。根據墨菲定律，「如果某件事有可能變壞的話，那麼這種可能性將成為現實」。小錯誤會變成大錯誤，小損失會變成大損失，最終一發不可收拾。

■ 學會停損才有東山再起的機會

　　談起停損，真的很傷感情，因為這是虧錢離場，大概沒有人虧錢賣股票會高興的。**停損的重要觀念，是為了保住資金**。但很意外的，很多人虧了錢仍不願意賣出，因為他們不願意面對損失，覺

趨勢生命力

得虧錢賣出很沒有面子！但是，他們卻不知道虧錢賣出可以保住本金、保住裡子，也保留了以後東山再起的機會。為了能多跑兩步要先退一步，為了能夠長存於股市，不得不再三強調停損的重要。

　　看了半天的圖，講了半天的觀念，都沒有真刀真槍來一次交易體會更深，可以藉由停損來砥礪自己，停損會失血沒錯，但是得到精練買點的經驗後，你就不會再隨便買股票。其實只要買點切入得好，就不容易碰到停損問題，只有何時賣出獲利會最大的問題而已。

　　凡是在股市成功的人，沒有不是經過N次停損而鍛鍊出來的。真的很希望各位好好去體會一次不停損卻大跌的痛苦。「嚴守停損」只有四個字，卻需要深刻體驗之後才會刻骨銘心啊！

堅守買賣點就沒有停損的問題

　　買點切入得好，就很少有停損的問題。以下圖的1314中石化為例，如果依照季線分多空的方法，在2008年2月，中石化站上季線後的13元附近買進，到6月初跌破季線後18元賣出，這是很標準的依法買賣，相信你對這時賣出不會有太大的猶疑。因為依法賣出雖然只賣在18元，沒有賣在21.4元的高點，但你是獲利的，此後加權下跌兩千點、中石化跌到11元腰斬，與你何干？

　　如果進場點不佳，看錯出場停損是必然。假設你是20元才看好，並融資買進中石化，如果跌破季線後你虧錢都不賣，那以融資六成來算，你的自備款是四成，大約跌到15元就要面臨追繳的命

運，等跌到13元的時候，券商就會幫你斷頭！這樣你已經輸光本金，剩少少的零頭了。這是多可怕的事！

就算你是用現股買的，沒有融資斷頭的問題，可以等將來大行情解套，但想一下，股價從20元跌到11元，跌了45%，將來要漲回20元就是要漲90%才能夠回到你的價位，這要等多久？就算中石化將來會漲，別人低檔買進看到的是獲利，而你卻在苦苦的等待解套！這樣的心情是否完全不一樣呢？

套牢好像是散戶的義務，股市裡面最盡義務的就是散戶，你是否是其中一個？聽過「財富重分配」這句話吧，我們來看看股市如何實施財富重分配的！

假設我們以50MA為買賣點，站上就買進、跌破就賣出，如上圖，代號1314的中石化，先不管你是在哪裡買進，當它在2008年6月2日跌破50MA，我們在收盤前執行賣出，就算賣到當天收盤價

17.85元。兩個月後，中石化跌到11.25元，假設我們這時買回來，一張可以省下6.60元的價差，也就是一張省下六千六百塊錢，如果十張，就是六萬六千元。

如果當初賣10張，現在你也一樣買回10張，同樣的股票同樣的張數，你的戶頭卻多出了六萬六千元，如果是100張，就是六十六萬元！

如果當初賣10張，得款十七萬八千，同樣的錢，現在可買11.25元價位的中石化15張又800股！同樣的股票，不同的時間平白多出五張！這樣的結果，你會不會很驚訝？

如果你也會融券放空，在跌破季線就賣出反空？那最基本的25%利潤下跌過程中，25%又可輕鬆落袋了！空頭的錢又賺到了不是嗎？這樣你不但省下了下跌可能虧損的錢，也多賺了空頭下跌的錢。股市怕沒行情，不怕賺太多啊！

股市的財富重分配是合法的搶錢，但想要在股市搶錢就要有本事，最基本的就是**先要防止你的錢被搶走**。而防止錢被搶走的方法，就是有賣點就要賣。跌破50MA就是多頭最後的賣點，就賣吧！

講了這麼多，如果你還不會做、不願做，那我也真的沒有辦法了。

■ 公司派看好季線才會上揚

以季線分多空的理由其實很簡單，**股價能夠上漲一定有主力或公司派的大資金進駐**，如果連深知公司內幕的公司派和主力，都不願進場買回自家股票，都不願作價讓股價維持季線走揚的中長多，

就表示這些最瞭解公司內幕的人，都不看好公司未來的長線發展，那我們為何要去買它呢？

我常常和朋友開玩笑說，看多看空不用看基本面，也不必看營收和產業研究報告，公司內部的人最清楚，它會表現在股價上，「千線萬線不如一條內線」，就賺價差的交易來說，一家公司的基本面好壞、會大跌還是會大漲，早就有公司內部重要人士用季線告訴我們了，只是你不知道這條季線也是「內線」而已！

我對季線所透露的訊息解讀是：股價站上季線，主力大戶已經完成低檔佈局，要發動漲勢的呼朋引伴訊號了；股價跌破季線，就是主力大戶已經完成出貨的訊號，跌落季線之後主力不玩了，股價失去支撐，往往就是自由落體。等到時間夠長，套的套了、逃的逃了。要等到量縮了、籌碼也穩定了才又有主力大戶去接，才會見到低點。

跌破季線之後賣出，沒有賣在高點會讓人很洩氣，看起來這招也並非仙丹妙藥。你我都希望賣在高點，**但當大盤跌破季線之後，這個賣點已經是最後的藥方**，它是投資路上的安全帶和降落傘。不繫安全帶並不表示會撞車，繫上安全帶卻會使投資路上更加安全。

留得青山在，不怕沒柴燒，在趨勢開始向下的時候，一點點小虧損不出場，再看看後面的大跌，你會發現你的風報比怎麼算都不划算。

能保住資金總會有活路，這就是停損的魅力，也就是你必須停損的最大理由。如果這樣的說明，還是無法讓你在跌破季線的時候作出賣出的動作，那麼請你翻回到如何避開地雷股那一章，**如果你不怕大跌，也不怕碰到地雷，那也就不用賣了！**

趨勢生命力

■ 退步原來是向前

這首偈語，是笑臉彌勒佛在耕種時見道所作，是一首形容農夫插秧時的詩句。

> 手把青秧插滿田，低頭便見水中天；
> 六根清淨方為道，退步原來是向前。
>
> **唐·布袋**

農夫彎著腰將一把把青秧插在田裡，「低頭便見水中天」，低頭看到水面漂亮的藍天。「退步原來是向前」，農夫插秧，一面插青秧一面往後步步退，等退返到田邊，一畦田的秧苗也插好了。農夫插秧的動作看似後退，而實際上是在前進。頗有哲理意味。

有時候，退讓不是完全的消極，反而是積極的轉進。在這首偈語中，暗藏著無上天機。

股市操作不也是如此嗎？**出現賣點，不管賺或賠，出場為先，這是保留將來再進場的資金**，也是必要之惡。停損賣出看似虧損，但收回的資金卻好比看到將來可以用低價買更多股票的藍天，不也是一種期待的幸福嗎？

碰到盤勢轉空，與其硬撐硬拼，倒不如退一步先出場，留著現金等到將來盤勢轉佳，尋求更大的成功。

說實在的，我不太喜歡用停損這兩個字，我喜歡用「買點」和「賣點」這兩個詞，股票操作本來就只有「買點買進」、「賣點賣出」兩個動作而已。若以季線當買賣依據，這是相當明確的點位，股價站上50MA，買點來了就買進；跌破50MA，賣點來了就賣出，哪還要考慮什麼停損呢？

■ 季線操作模式

操作股票總是要環境好的時候才是萬馬奔騰的時候，因此在大盤漲勢初期選股就是最好的時機。以下歸納三種方式：

1. 多頭啟動就選擇領先類股的強勢股進場。即當股價下跌之後，大盤站上月均線多頭啟動之前，就已經衝上季線並做好了整理，最好是選擇領先的強勢類股。要買站上季線的股票，應當要有選擇性，最佳的強勢股總是在領先大盤站上季線的類股裡頭。

2. 買進後，以將來不管哪一天股價跌破季線就是出場點。這樣就算虧損也不至於賠很多。

3. 期望值是25%。當股價高於季線上方25%時，可定點先獲利一半，剩下的一半就看它怎麼跑了，有可能持續創高點，這就不用理它。總有一天它會回檔跌破季線，就賣掉吧。

■ 該如何出場？

以期望值到達25%就賣出！當然這種賣出方式是很粗淺的賣法，但是別小看25%！巴菲特平均一年的獲利率都沒有這樣高呢！威廉·歐尼爾的出場策略是獲利20%就出場。如果你每次都能25%出場，績效就高過歐尼爾，勝過巴菲特了！

我希望你不要輕視這樣的獲利率，我希望你認真驗證每一張股價K線圖，然後去統計怎樣的百分比才是比較好的出手點，千萬別聽我的，不然你一定會後悔。股票的買賣絕對不是數學公式，它充滿了藝術，基本的獲利掌握到之後，你可以鑽研更好的賣法，也許你可以想到或者發現更好的獲利方式。

趨勢生命力

　　一位成功的投資人必須有十足前瞻的理由，來決定自己要站在市場的哪一方；成功的投資人也必須要能透過某一種方法的指引，決定何時出手。奇怪的是，常常可能因為每個人主觀和心性的不同，即使真有好東西攤在你面前，最後還是不一定能為你所用。也許是因為太過簡單，所以輕視它吧！

　　25%是多少呢？簡單的算術是(股價×0.25)，以100元來算就是25元，50元來算就是12.5元，20元來算就是賺了5元就有25%了。我用一張圖來表示給各位看。

　　上圖是1402遠紡在2007年4月到2008年4月的走勢圖，其中有四次跌破季線又站上季線，突破季線後，**從季線起算**到小波高點幅度，大約是第一段，上漲了24.4%，第二段漲了33.8%，第三段漲了41.9%，第四段有29.1%的漲幅，最後一段漲了45.3%。

　　由此可見，如果大盤走多，股票突破季線之後，從季線起算期

望一個25%的漲幅並不是很難的期望值。而當你在季線上方25%獲利賣出後，總有回檔的低點可以再買回來重複操作。

　　下圖是6197佳必琪2006年10月起到2007年7月底的走勢，圖中出現在50MA季線上有兩個突破季線的買點，和一個跌破季線的放空點，我用幅度尺量的空間就是從季線起算的25%空間，你會發現25%的空間對一檔強勢股的整個走勢來說，真的是小巫見大巫！

　　股票的買賣是一種藝術，它可不是硬梆梆的規則和數據，季線的買點已經有了，出場點位也給兩個點位了，一個是跌破季線的賣點，一個是25%的獲利賣點，只要你執行這個方法，想輸都不太容易。

　　那麼，如果碰到像佳必琪這樣一個大行情，卻只賺25%就出場，會不會太浪費了？那到底25%之後的行情要怎樣才能賺到呢？有幾種方式可以提供你參考：

趨勢生命力

1. **移動式出場點**

   這也叫做跟隨出場點，獲利達到25%以上後，設定一個百分比的出場點跟隨股價前進，例如設定只要回吐獲利的30%就出場。舉例，50元進場到了62.5元，已經達到了25%的目標，此時獲利是12.5元，回吐30%就是3.75，只要回到58.75就是你的出場點。如果股價沒有回到出場點而續漲到80元，此時獲利是30元，回吐30%就是9元，那你的出場點就移動到71元……，以此類推。

2. **跌破最近X天內最低點就出場**

   每天都以今天為第一天往前算X天，取這X天內的最低點作為出場點，只要明天跌破此點就賣出。比如說X＝5，那就是跌破最近5天內最低點就出場。如果X是10，那就是10天內最低點為你的出場點，當然你也可以設X為3，就是以3天內最低點為出場點囉。不過這個X愈短愈容易被洗出場，這是必要的認知。

3. **多頭浪的低點跌破就走**

   多頭走多頭浪，多頭浪回檔低點跌破就出場。這方法在《活出股市生命力》中提到過，算是滿通用的出場方式之一。

4. **心理出場點**

   這種出場點沒有明確的價位，只是一種心理感覺，比如：大盤看起來好像有危險、股票走勢好像不太對勁、最近家裡有些不太愉快的事，壓力太大或者準備旅遊……等等，我建議此種情況發生最好結束某些部位，暫時離開市場。

進場後設定停損點，是為了保護你的資本，獲利之後設出場點也是為了保護你的資本；前者是為了不至於虧損太多，後者是為了不至於回吐太多。資本是你交易的最根本問題。既要控制虧損又要追求獲利的最大化，真的很難，雖然出場的策略有很多，也各有千秋，但總要由你自己去拿捏最適合你的方式。

股市操作很「活」，剩下的想要賣好一點的就發揮你的想像力吧！

我並不想誇大這方式的獲利情況，我想這需要你自己去驗證，驗證過了你才會相信，相信了才有操作的力量，用心，就可以找到怎樣賣才好的方法。不過我不希望大家用太多的出場策略，只要選擇一、兩種就好了，從事交易這麼多年，我的感覺是「簡單就好」，太繁雜你的頭腦會打架的。

我之所以不把這一個獲利期望值的操作模式放在前面的章節，是因為我知道輕視均線的人翻不了幾頁就看不下去了，那些人是絕對翻不到這裡的。但他們並不知道他們把黃金當垃圾般的丟掉了！我也希望在你看到這裡以後，會對於長線操作法中的買賣點，有如看到一道光般，讓你多一點信心，知道了就微微一笑，也不用去告訴他們，這當作是你的秘密好嗎？

如果你要推薦本書給你的友人，只要強烈要求他（她）「一定要把它看完！」這樣就可以了。

趨勢生命力

逃頂之後記得休息

　　「春耕、夏耘、秋收、冬藏」，這是流傳已久的四時耕作訣，配上季線便成為股市的四時循環圖，股市行情也跟耕作相似，有四時循環也有高低起落，這種情況在行情的波動中，稱之為循環。如下圖：

　　另外補充一張在《活出股市生命力》一書中就揭示過的圖來說明：

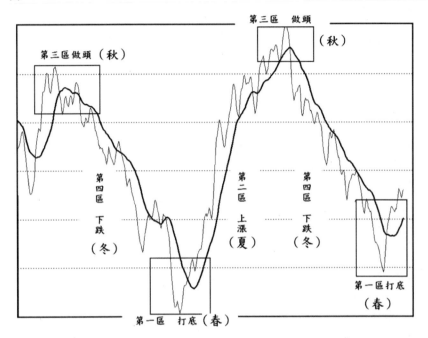

　　這兩張圖是很類似的，要表達的觀念也都是一樣的。我們假設用季線分中長線的多空，你已經知道跌破季線之後是秋收後的寒冬，你知道要賣出，你也真的賣出了，這樣算初步成功了。

　　股市操作的輸贏不是你在多頭的時候賺到多少錢，而是你能在空頭中留下多少錢？所以最重要的是逃頂之後，你要如何保留住你手上的資金。跌破50MA你賣出了，逃頂之後你變成空手了。當你空手後手中有很多現金，如果你不喜歡作空，就會很容易出現搶反彈的心理，看到稍稍止跌，就會去搶反彈，看到一根紅K就以為又要漲了，深怕買不到，深怕沒有搭上上漲的列車，就立刻搶進。

趨勢生命力

很多朋友都會有這一毛病──搶反彈！結果是高檔逃掉了，卻套在半山腰。股市裏不是也有「新手死在高檔，老手死在反彈」的諺語嗎？可見想要克服不搶反彈的心理不只是新手的專利，老手也有同樣的毛病！除非你的口袋夠深可以耐得住長套和久套，否則等待底部成形再進場，是一種相當困難的修練。

股市景氣跟四季一樣，都是週而復始、起起伏伏的循環，遵守規則把握住可以把握的，季線上方的大波段如果看對，能把握住一年一、兩次的買賣時機就夠了，其它的就交給市場吧！

聰明的農夫不會因為冬天突然出現幾天的太陽就下田去耕作，因為他們知道春天還沒到，若在冬藏時間又跑去耕作，那肯定是把種子放在冰冷的土裡爛掉當肥料的。

■ 時間、幅度未到，別急著上車

有一個阿婆，在公車站牌前攔了一台公車。

車門一開，阿婆就問司機：「司機啊！請問你有到行天宮嗎？」

司機回答：「有啊！」

可是這位阿婆並沒有上車！只是點了個頭，回答了一聲：「喔！」，便繼續向前走。

司機覺得奇怪：我已經回答妳了，怎麼妳還不上車？

司機體諒阿婆年紀大了，便跟在阿婆後面，緩緩將車子向前開，車門並沒有關上。

司機：「我有到行天宮哦！」

阿婆：「喔！」

司機：「真的有到哦！」

阿婆：「喔！」

司機：「我是真的有到啦！」司機大喊！

這時阿婆轉過頭不耐煩地對司機說：「哇哉啦！我明天才要去啦！（台語）」

哎！時間還沒到，就算司機再三催促要上車也不能上車啊！阿婆都知道的道理，投資人豈可不知道！

■ 跌破季線會跌多久？

很多人不知道要跑，幸運跑掉的人會去搶反彈，是因為不知道後面會跌多久、要跌多深，怕突然反轉失去了低檔買進的機會，殊不知均線和上漲的天數及下跌的天數略有關係，也就是說，5日線跌破會有五天下跌才會回到5日線、20日線跌破會有20天的下跌才會回到20日線……年線跌破會有一年的下跌時間才會回到年線！雖然這數字不是很精確，中間也會有大小不等的反彈，但這種大約的時間關係總是很神秘的支配著股市。

那麼跌破代表中長期的季線50MA之後，後面總會有一段兩、三個月的跌幅，跌破季線才剛剛開始，這麼急著搶反彈幹什麼？就算他會漲回來，也等他重新站回季線再說吧！如同阿婆說的：「哇哉啦！我明天才要去啦！」時間未到，就不用著急。

下面這幾張圖是加權指數圖，我以跌破50MA開始到重新站回季線作一個週期的標示。我希望各位去看看歷史的K線，用50MA去看一個下跌波，跌破50MA後，大概要多久才能重回50MA？

我們從2005年3月到2008年6月這一段時間來看，跌破50MA和重回50MA的時間就如上圖所顯示。

多頭的中段整理短的要十幾二十天，比較正常的空頭從跌破50MA起算，到回到50MA上方大約是50到60個交易日，空頭中在50MA下方的交易日，平均大概要50個交易日，也就是兩到三個月。

就圖形估算，下跌時間的前面三分之二的時間是跌勢，後面三分之一時間是反彈回季線的走勢！如此看來，跌勢一開始起碼也要35個交易日或者一個半月到兩個月，才會有比較像樣的反彈。

在季線上方上漲時亦同！

當然每一個參數都有它的週期，選你所愛，愛你所選，自己慣用的參數就請你自己去印證一番吧！

再看一張1997年9月到2000年2月的紀錄：

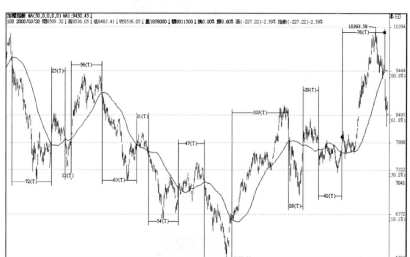

　　一個空頭的下跌，從高點起算到低點，大概是1800點到3000點之間，如果跌幅未到，也不用太緊張買不到。除非有一種例外——跌破季線後很快漲回50MA上方。那又何妨？等它真的站穩了再買回來就是了，我們賣在跌破50MA之時，在站回50MA買回來，又會吃虧多少呢？何況這樣的例外所佔的比例並不多。

　　從這些粗略的數據，我們可以下個小結論：空頭在跌破50MA之後的一、兩個月，有六、七成的機會都不容易見到底部！這是反彈找空點的好時機，怎麼會是搶反彈或者擇優佈局的時候呢？

　　搶反彈的理由不外是乖離過大，或者就是跌了這麼多，總該有個反彈的吧！就算你幸運搶到反彈，但隔天一個跳空下跌，你又套在反彈高點，最後不是受傷停損出場，就是又會面臨斷頭的危機。

趨勢生命力

更何況，股市的變化常常出人意料，脫軌演出也是常有的事，底部的形成絕對不是一朝一夕的，它總要經過好幾次大利空的洗禮才會出現，所以為了你的資金安全，最好的方式就是，除非又站回50MA，扣抵區間並不高，且有底部型態出現，長線已經出現了轉折，否則短期內盡量不要進場買股票。

■ 要以加權為主　以歷史為鑑

也許你不知道大空頭的可怕，台股近二十年有兩次萬點崩盤，都造成相當大財富重分配的可怕後果，很多人一生就葬送在這樣的崩盤中，請千萬小心。

這張圖是2000年4月10328，跌到2001年3411的圖，你很難想像有兩百多天無法站回季線的大空頭，就算2001年初有五十天的1500點大反彈，進去買股票都還會再一次碰到一百多天空頭大跌的盤，5000點去搶反彈被斷頭在四千點以下的情形。

下面這張歷史K線圖，更慘！

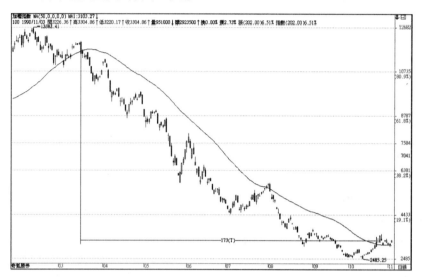

這張圖記錄了1990年2月，台股從12682以八個月的時間，下跌到2485的歷史K線，雖然這次跌破季線後再站回季線的時間只有180天，並不是歷史上最長，但八個月從12682跌到2485總共跌掉一萬多點！這樣的跌幅卻是史上最慘烈、最快且最深的一次。

這兩張圖不是我畫來嚇各位的，而是台股真實的紀錄！你的一生只要碰上這兩張圖的任何一次。都會註定你的股票人生不是很淒慘就是很非凡。

跌破季線後會跌多久？並不一定，我之所以花這麼多的篇幅來說明，無非是想告訴大家，**跌破季線後通常下跌的時間不會很短**，因此當你看到這樣的現象，最好趕快賣股求現以避開大跌。賣股之後要休息也好、要作空也可以，但是如果要買多單，還是多等一陣子吧！

趨勢生命力

■ 休息空手等待

據統計，在正常的情況下，有半數以上的低點，會出現在跌破50MA的30天之後，從型態上看，大概是第三個低點（甚至更多個低點）。所以，如果你逃頂成功之後，請你忍耐一、兩個月等它反彈一兩次以後再說吧。什麼事都不做，出去旅行散散心，說不定是很好的養生之道。

在多數的時間當中，空手觀望是個很好的投資策略。想想看，每下跌一點就代表我們未來的投資購買力又增加了一些，下跌過程不就是在替你累積未來的購買力嗎？休息一、兩個月也許能讓你在下次買回股票的錢省下20%到50%，或者可以多買五成到一倍的股票，這樣的金額也是很可觀的。少花心思去猜要怎麼賭，多等待既不傷身體，心情也會比較好。

股票賺錢的祕密，在「正確的方向，和大量的部位」。也就是在多頭來臨後，大量的進場、不斷的加碼，使獲利一下子跳上來，這才是正確的操作。

在空頭時候，就算你搶反彈，也不敢大量的搶，就算你佈局摸底，也不敢投入大量資金，就算真的反彈上來了，你又持有多少股票？反彈的幅度又是多少呢？以這樣來說就違背了上面的格言。

短線的技巧更甚於長線，要注意很多特別的小訊號，空頭中想要搶一個便當來吃，並不是那樣容易的。空頭因為客觀的經濟數據實在不佳，而作空這條路，也不是人人可為，如果你也沒有放空的習慣，想搶反彈又怕技術不夠，那就適當的休息，空手等待將來轉多頭的好時機再重新入市。休息是為了走更遠的路，這樣其實空手

也是非常好的策略呢。

■ 不要看盤，不要攤平，不搶反彈

就四時耕作而言，春夏要把握耕作的時機，秋收後冬藏就要好好的休息了。下跌的冬天，因為閒得發慌而想要去搶反彈是很正常的心理，但卻是要不得的方式。會搶反彈的原因，主要是不知道跌夠了沒有，怕會錯過低點！或者是藝高人膽大，就算是兩、三百點的空間也要去搶杯湯來解渴。

寒冷的冬天偶爾也會有天氣放晴的日子，但有**經驗的農夫不會因為突然出幾天的太陽就忙著準備下田耕種**，因為他們知道放晴幾天之後，天氣依然寒冷。許多人交易似乎不是因為賺錢的樂趣，而是為了滿足自己的心理需求！就算短線也要搶，搶到了就很爽，用這點去證明自己比別人行！我只能說，這是很危險的。

冬天在冷冷的土地裡撒種子不但不會發芽，反而會爛掉，充其量也不過是資金的種子化成肥料，為土地增加養分而已，不過，老實說如果沒有這些短線客拼命想要在刀口舐血，下去當肥料，下跌的行情就沒什麼可觀之處了，將來上漲因為土壤的肥分不夠，說不定就沒有大行情了！

如果你發現了長線的趨勢方向，只要拉長時空背景來看，知道趨勢總是會進行一段時間，短期內是不容易改變的，你就會覺得每天在做短線的搶反彈動作其實滿累的。因為低點之下還有低點，進場攤平卻是愈攤愈平，可用的資金愈來愈少，虧損愈來愈大，你愈來愈貧窮……，心理和生活都受到了影響，這是何苦？

趨勢生命力

要想讓自己克制買賣股票衝動，不去搶反彈，不去攤平，其實很簡單，就是**不要看盤，不要開下單網頁，不要打電話給營業員，不向人問行情，不要看報紙**。如果可能，連收盤行情也不要看，每週五晚上看一次K線就好了，反正就是盡量離開誘惑就行了。雖然這不是容易的事，但是如果你做到了，過段時間股市跌很深時，你會很高興的發現：「好李加在！我的錢還在(台語)。」

■ 錢放著會咬人嗎？

2008年6月底，我陪著父親到醫院看門診，在等候區看電視新聞中也轉播股市新聞，一片綠油油的，後面突然有人冒出嘆息聲：「又攏系青筍筍！」

接著我也聽到前面一位婦人和一位小姐的對談——

小姐：「老爸的股票有賣嗎？」

婦人：「妳老爸七早八早就賣光了！」

小姐：「(好高興)真的喔！什麼時候賣的？」

婦人：「一個多月前，9000附近，馬英九就職後沒幾天就賣光了。」

小姐：「(好高興)真的喔！那很好啊！」

婦人：「可是他賣掉後沒幾天又買回來了！」

小姐：「怎麼會？」

婦人：「嗯啊……就是錢放著會咬人咩！才賣掉沒多久又套牢了……」

小姐：「……(默默看著電視)」

我聽到這段對話，心想：不是嗎？人手中總是有些錢就會不甘寂寞！

如果，你一開始就沒有錢可以買股票，可能是很幸福的事。

如果，你手中有一些些存款，想做些理財，當你向別人問起股市的行情，可能就是你災難的開始！

如果，你一開始買股票就賺錢，那股市將會無時無刻地纏著你，因為你贏過，嚐過甜的滋味，你會說，你看股市賺錢多容易！然後，你會碰到下跌虧錢，但是你不會放棄，於是再投入更多的資金，甚至房貸、信貸、標會……，想盡一切辦法找錢來投資！

一切都是好運惹的禍！想想看，你、你的親人、你身邊的朋友、同事，是不是充滿著這樣的故事？

會投資股市，是不是因為有點閒錢？

會對股市著迷，是不是因為曾經賺過股市的錢？

會去借貸或者融資，是不是因為不服輸？

有時候想想，如果輸了以後會停止會看破出場，那還算是幸運，因為至少你已經把浴缸裡的一處漏洞補掉了。

但是，很少人可以做到輸了就離場！就算贏了想要離場，也很難！

如同那位婦人的先生，520馬英九總統就職後9000點賣光，我相信怎麼賣都是獲利的。但是「不久就買回來」！如果放到現在，股價剩下七千點，恐怕又造成不少虧損！

真的是——錢放著會咬人！一定要去住套房才甘心嗎？

都是身邊有錢惹的禍！不是嗎？

如果錢放著會咬人，當時融券放空不知道會不會好一點？

趨勢生命力

■ 放空作空

套牢是很痛苦的，但是空手也是很難熬的。說真的，能夠忍耐這樣長時間的冬天都不動，等下回走多再進場，大部分的人是做不到的。空頭中很多人每天不是問行情有沒有機會，就是問什麼時候是買點，好像錢放著真的會咬人似的。

如果錢放著真的會咬人，那寫個mail或到聚財網發個悄悄話告訴我吧！我很樂意接收你那些會咬人的錢，而且我一定會把它花光光。

如果真的閒得發慌，我的第二個建議就是，做些小空單吧！膽大的就空多一些，比如找幾檔弱勢股融券放空，這樣你可以感受到它的漲跌，把錢拿去作空，至少不會覺得錢放著會被老鼠咬走；如果它一直大跌小漲，相信你心裡會有感覺，或許就會放棄搶反彈作多的想法了。

例如下圖，2008年520總統就職大典後股價大幅下滑，以台塑這樣績優的公司，跌破季線後沒多久都有34%的跌幅，就可見其它股票的跌幅是怎樣的了！

　　股票放空，就算你空到地雷股，能獲利的幅度絕對不會超過
100%。但是股票作多，漲幅常常可以用倍數計算，所以放空感覺上
利潤並不比作多大。很多人愛作空，因為作空賺得快，所以在空頭
成立後就不斷放空操作，跌也空、反彈也是空，掌握到趨勢就不斷
加碼空，一段空頭下來，讓資產翻上好幾翻的大有人在。

　　這就是為何上面我會說「**你的一生碰上這兩張圖的任何一次，
都會註定你的股票人生不是很淒慘就是很非凡**」，全看你的膽識和
心態而已。當然要碰到那樣跌五千、一萬點的大行情是很難的，但
一個空頭個股破季線後來個25%的下跌好像也是司空見慣的事，這
樣在眼前飛過的錢，不把它抓下來好像也滿可惜的呢！

　　放空操作無關道德，看誰能掌握到在大空頭放空獲利的訣竅，
誰就能夠在股市有非凡的成就。如果你不習慣放空，至少在季線之
下請你盡量保持觀望，為了在股市活久一點，季線下方除非你很有
把握，否則請不要手癢去搶反彈。

趨勢生命力

■ 最怕亂作

　　一個長線的空頭，不習慣作空的人賣出後全程觀望都不做進出，休息算是不錯的策略，至少保住了資金。由於堅持空頭就是要賺空頭的錢的信念，敢作空逢高空的人可以抓到下跌的利潤，更是值得嘉許。這兩種人都值得肯定和恭喜。

　　最怕的是忽多忽空的人，看到一天長紅就認為會大漲深怕買不到，於是搶進作多，隔天長黑又大跌立刻賣出翻空！如此忽多忽空，這種人不是看法沒有依據，就是依據一些似是而非的理論，也許是看電視分析師的言論或拿報紙的報導，更甚者可能是聽菜市場的耳語或者憑著感覺和情緒反應，就來操作！

　　在股市生存最重要的是要有所依據，不管你的依據是什麼，忽多忽空這樣的做法實在不足取，漲了一下就看大好，跌了一下就看大壞，基本上股市有一定的趨勢，是一些大資金大戶設的賭局，不管是多頭還是空頭，一旦中長線的方向出來後，短期內是不容易改變的。

　　短線方向變來變去，結果無論看對看錯，可能只是窮忙找個樂子而已。這樣是很難在市場生存的。況且，今天追高明天殺低這樣操作，不但會讓你的資金很快折損，短線過度頻繁的進出，也會讓你的操作成本大幅提高，一段時間下來，你拿起對帳單一看，說不定你會嚇出一身冷汗！

　　不管多頭或者空頭，我都希望各位抓住長線的主要趨勢，短線要作最少也要作和長線趨勢相同的方向來操作。短線亂作，有可能你的方向抓對了，但資金卻虧損了。這是多麼划不來啊！

■ 阿公的耕作哲學

小時候每每到了農忙的季節，收割稻子總是一種喜悅，小孩子可以抓到好多蚱蜢，把牠塞在斗笠裡，可以撿到很多稻穗回去餵鴨子，也可以在收成後的稻田裡烤番薯……。我問祖父，既然收割稻子可以賣很多錢，為何不趕快種下一期的稻子？

祖父說：「憨孫，土地要休息啊，一直種東西營養會不夠，它就長不好囉。」

「喔！原來土地也要休息喔！」我似懂非懂地回答。

祖父又跟我說：「不但要休息，有的時候也要種些其它的作物，比如說甘蔗啦、玉米、番薯啦，這樣輪種以後，下次種的稻子就會很漂亮。」

然後，我們走到剛播種的玉米田，我想撥開土看看玉米發芽了沒，祖父看著我，笑著說：「憨孫！不用看啦，時間到了它就會發芽了，時間沒到你也沒有辦法啦！」

祖孫倆走在田埂上，我回頭看見阿公深邃的眼裡閃著智慧的光芒。

跌破季線，季線上方的稻子已經被收成掉了，剩下荒廢的田園你還留戀什麼？不如等待地力恢復後再來耕種吧！

播種就有如K線（種子）被埋在季線（土壤）以下，好比把種子丟進土坑並且覆上土壤，種子要待在土壤內一段時間才會吐出芽來，這時只有靜靜地等待，急不得啊！稻子和雜糧要輪種的方式，不也是有如類股會輪流表演，下一波的主流未必會和這波相同嗎？這是阿公種田哲學給我的啟示。

趨勢生命力

避開危機，才有轉機

你也許會覺得奇怪，大部分的書籍都先說如何賺錢，但我一開頭就先告訴大家，要如何避開長線的危機、如何避開地雷股；逃頂後，在下跌波段要克制買賣股票的衝動，不要搶反彈避免套在半山腰，也就是**最少要先保住本金。因為股市是錢的戰場，沒有了錢，再好的功夫都派不上用場，再好的行情也都沒有用。**

就算你在多頭的時候賺了百萬、千萬甚至上億的金錢，不會避開空頭的致命一擊，有可能資金腰斬又腰斬，最後全都吐光光。輸了20%容易回本，輸了50%，將來要漲一倍才會回本，如果你斷頭了，剩下少少的資金，信心也賠光了，要重新站起來要回本，談何容易！

■ 資金控管很重要

對於資金控管最基本的就是「用閒置資金買股票」和「不要將資金全部投入」。有一種方法可以簡單做到，就是把資金的一半放定存，另外的一半你可以在股市盡情地操作，萬一碰到追繳保證金，就立刻平倉。**會追繳，一定是你錯得離譜了，要立刻清光出場，不要有任何想要攤平的想法。**這樣你還有放定存的一半資金可以從頭來過。

資金控管第二課，我會建議你開融資融券戶頭，但是盡可能不要做融資操作，買股票盡量用現股買進。如果你都不用融資，至少補繳和斷頭的危機不會發生在你身上。信用戶頭是準備作空賺空頭的錢用的，請你謹記這一點。

功夫不夠就不要做高槓桿操作。假如你沒有後備資金，操作的又是高槓桿的期貨或者選擇權，那有可能一個空頭來臨，就輸光全部，甚至失去人生的舞台！這時再來大嘆，如果這一生不知道股市也不進入股市，反而是一種幸福，已經來不及了。所以，要如何管理好你的資金，功夫不夠千萬別做高槓桿理財這點我總要再三提醒。

我碰到過很多玩期貨的朋友，他們會進入期貨市場的原因是，因為股票輸了作融資，融資又輸了才來作期貨的。可是我看這些人最後的下場往往是大台輸了換小台，小台又輸了就換選擇權，然後……不談也罷！想想看，現股都作不贏怎能用融資？股票都作不贏怎能來作期貨和選擇權？想要上梁山總也要有個三兩三吧！

金錢不是萬能，為了追求財富，人生可能變得更痛苦，進入股市的目的是要賺點價差，將本求利，保住本金是第一個考量，其次才是獲利。當季線跌破後，會避開、願意就算停損也要避開，練好能躲過下跌波段的保命功夫之後，再來談要怎樣作多，這樣才有意義，如果保命功夫都沒準備好，就算將來你賺到很多錢，還是會失去，這樣賺到的錢就毫無意義了。

錢進股市，要賺多少是由老天決定，但要賠多少絕對是可以由自己控制的，這就是先為不可勝，先避開會大賠的行情，你就成功一半了。等到下一波多頭再發動，你會發現，有錢可以買很多便宜的股票是多麼快樂的事。

趨勢生命力

作多的好時機

　　多頭和空頭的技術面是一樣的，差別只在它們的方向相反罷了。上面提到季線下的保本方式，跌破季線要賣，相反的站上季線，不就是要買嗎？季線上揚是多方的安全保障。

　　在大盤站上季線且季線開始上揚之後，如同種子發芽，漸漸從均線下的土壤破土而出，冒出嫩芽兒，如同鳥兒已經把鳥巢築好準備孵蛋了，這時找盤面上的主流類股，領先大盤站上季線又帶成交量放大的，就是盤面領導重心，往這族群裡找強勢股就可果斷買進，就容易賺錢。舉幾個例子：

1326台化：

　　這是台化在2006年7月中股價除權後，從9月中重新站上季線後到11月前這一大段時間有很多時間可以買進。

相隔一年後，股價變成下面這樣子！你會很驚訝嗎？

1451年興：

這是和上一檔台化同時期的一檔紡織股年興，圓圈處是除權後重新站上季線的位置，你會在此作買進嗎？

趨勢生命力

一年後的年興股價圖如下：

想想看，當初有買然後都沒有賣，放了半年之後會不會覺得很幸福！

夫妻二人吃飯，妻子說：「你現在怎麼盡挑魚背上的肉吃？記得我們談戀愛時，你最愛吃魚頭和魚尾……」

丈夫說：「情況不同了嘛！現在我的目標是吃魚，當時我的目標是釣魚。

就像當初只能和妳牽牽手、親親嘴，現在卻可以抱著妳的身體睡覺一樣啊！」

2027大成鋼：

　　這檔股票如果在1的位置買進當然很棒，2的位置又重新站上季線，你會買進嗎？要好好考慮一下，前面有漲過一大段了喔！

　1. 會買2的買點

　2. 不會買2的買點

你選了哪一個？

下面這張圖就是答案，你選對了嗎？

趨勢生命力

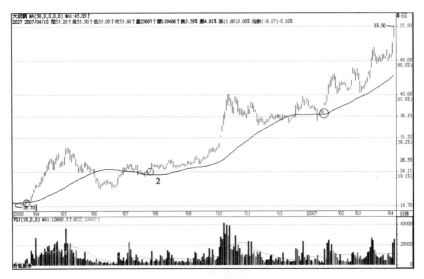

　　看了這些圖，你可知道贏家是怎麼賺錢的？如果我說，股票投資80%到90%的報酬來自於市場的趨勢，只有小部分的報酬是來自於你挑選的股票。一定會引起各門派的圍剿，認為我在天方夜談！

　　不過我說的卻是事實，**很多人認為選股很困難，但我覺得抱住更困難，抱對股票更加困難！**一個多頭的趨勢裡面，只要你選股不是很差，在大盤發動的初期選那些在季線上方的股票且抱得住，一定有所獲利，如果選對主流類股，那利潤更豐。

　　股票的魚身就是站上季線後的行情，每一檔股票都曾經有過這樣的飆升行情，而這樣的行情基本條件就是要在季線之上，各位可以隨意找出股票來印證，從上市到現在，只要在市場上交易時間夠久的股票，大概都不難找出其過去走勢中，有幾段屬於這種大多頭的走法。

找這種股票必須掌握幾個原則：

1. 配合大盤的多頭格局。

2. 從最強的類股中尋找。

3. 過去幾年沒有被炒得很高的股票，籌碼比較沉澱。

4. 成交量由小量到逐漸大量。

5. 整體類股的股票，會輪動且逐步拉高。

6. 一旦又落回季線之下，無法很快上揚，要捨得汰弱賣出。

7. 一旦方向正確，務必耐心持股，用時間累積漲幅。

原則雖然如此，但是股票飆股的技術面長得都差不多，而長相相同的卻未必是飆股。後面我們還會繼續說明。

頭部與底部

前面我們大略談到季線上下的鳥巢，也就是頭部和底部，在季線下跌到後段就是開始打底，直到穿越季線後，可能底部已經完成了；同樣的股價在跌破季線後，也可以隱約看到頭部，但是頭部的高點和底部的低點要怎麼找？這是股市裡面的很大謎團。

就算不是要求精確的點位，只要一個離頭或底上下200點的區間都不容易；如果有人能解開這個謎，那他可以買在底部、賣在頭部，空在頭部又回補在底部，天下的財富將都歸他所有！很可惜，至今沒有人能完全料中，所以至今沒有人將天下的財富盡收入囊。

趨勢生命力

◪ 消息面

　　頭部往往都是在利多不斷發佈，大家很樂觀的時候形成的，而底部也往往是利空不斷出現，大家很悲觀的時候形成。比如下圖：

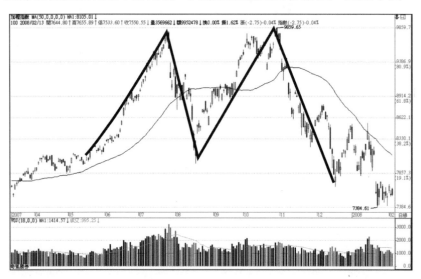

　　2007年6月，台股從8200點直奔9800點，這是由行政院一週一利多的政策所拱出來的。行政院每週都發布一個利多政策使股市不斷飆漲，一個半月漲了1600點，那段走勢也算是台股的奇觀。

　　而到了9807高點之後，突然一個大長黑再一個大跳空，兩天吃掉了700點！原來是美國次級房貸發酵，全世界都開始大跌！

　　之後再做一個逃命波從7987點反彈到9859點，之後再度跌破7987點！一個超級大M頭成形。

之後2008年總統大選，台股在馬英九可能當選之下展開一波大B波反彈，季線上大放利多炒作的題材是兩岸直航、開放銀行設大陸據點、開放大陸民眾來台觀光……等，直到520總統就職大典當天放煙火結束行情。

520之後的大跌呢？一是利多出盡，二是國際原油價格飆高，三是美國經濟有衰退之虞……，反正季線下總是利空一大堆！

利多和利空當然會刺激投資人腎上腺素的分泌，也會讓投資人做出激進和非理性的行為，因此形成了相當壯觀的頭部和底部現象，這些漲跌可以由一個很明顯的現象看出，就是成交量的縮放，還有均價線的起伏，你注意到了嗎！

■ 技術面

我說消息面都是幻影，它們可能實現，但不知何時？何價位？因此股市操作看K線圖上的訊號就好了，因為這些利多和利空是全

趨勢生命力

民皆知的事，每一個人都會自我解讀，然後決定他要怎麼做，是買進或者賣出，而在K線圖上顯現出兩方面看法的力道。

利多上漲，那表示利多是有效的，利多不漲，就表示這利多是無效的，甚至有可能是利多出盡呢。

相同的，如果利空就下跌，那這利空就是大部分的人都當作是利空，如果利空不跌，那就是大家對這些利空已經麻痺了，反而可能會成為利空出盡也說不定。

那麼，從技術面來看頭部和底部要怎樣看呢？

我想分三個方向來談：

1. 融資的增減幅度。
2. 大量小量。
3. 中長線的均線。

一、融資的增減幅度

如果說股市是大戶和散戶的遊戲，大戶作莊、散戶跟莊，籌碼就在大戶和散戶之間丟來丟去。籌碼在大戶手裡容易漲，在散戶手裡就容易跌。而比較容易觀察籌碼在誰手裡的指標就是融資和融券，因為股市最有錢的大戶如基金、外資法人，都是用現金買股票的，所以融資通常是散戶指標。

從融資的增加幅度可以大概了解散戶進場和出長的狀況，融資大幅增加表示大戶手上的籌碼大幅減少；融資大幅減少表示大戶手中的籌碼大幅增加。這是籌碼歸宿的簡單看法。

股市裡面，融資和融券故事的劇本是這樣的：

多數的散戶持股比重最高的時候，往往是在股價漲高了之後，當大盤上漲一段之後，通常到了高檔融資的水位都相當高，可能會高過大盤的漲幅。這就是開始出現危險的訊號，離頭部就不遠了。而當跌了一大段，融資的減幅大於股價的跌幅，大概低檔也就不會太遠。

而當下跌開始，融資減幅相當緩慢，因為這時融資戶大多還是賺錢的，所以融資維持率還是很高，直到大跌一大段之後，融資才會有較大幅度的減少；直到融資的減幅大於大盤的跌幅，且融資的水位低於這一波開始上漲時候的水位，大盤才有可能開始築底。

「萬般拉抬總為出」，大戶低檔大撿低價的籌碼，然後將股價拉高，散戶看漲開始追進，在高檔融資大量增加，散戶買進、大戶出脫，出得差不多了股價也就不漲了，籌碼分派到散戶的手中人手一張，主力大戶還拉什麼呢？出光了就是等，等待散戶自相殘殺，跌得夠久了，也殺到低點及值得投資的價位了，才又慢慢去撿回來。

二、大量與小量

量大當然是為了配合吸引散戶的搶購而來的。而量縮當然是為了趕走散戶，不想讓散戶參與。

這道理很明白，你一聽就會懂。假如你發現某處有黃金，你會不會到處嚷嚷或者登報紙告訴大家：「那裡有黃金喔，大家快來喔！」不會吧！你會怎麼做呢？恬恬的自己帶著鏟子去挖才對吧！

很好，當股價跌深了，到處都是低價的黃金，到處都是價值被低估的股票，你會大聲告訴大家來撿黃金嗎？不會，因為成交量低，散戶不會來，主力大戶可以安心收貨，要收多久就收多久，要

趨勢生命力

收多少就收多少，就算是破銅爛鐵，將來也可當黃金賣。

那麼漲高了之後呢？你手上的破銅爛鐵都變成黃金了，你要怎樣賣呢？你會刊登廣告大肆宣揚，手上的公司有多好，有大訂單且營收和盈餘都增加，要不就是某某基金（尤其是外資）大利看好大幅調高評等……等等，以不斷刊登利多消息來吸引散戶。這應該是很容易想到的行銷手法吧！

然後呢，自己左手賣給右手，股價慢慢墊高，製造大量收紅的假象，用盤面的大漲告訴大家：你看喔，昨天買的今天都賺了，你還不買？於是受不了的散戶漸漸跳進去了，莊家大戶就開始買少賣多，慢慢出貨，直到大部分的股票都出光了為止。

融資和大盤成交量的大量小量，其實都是配套措施，互為表裡。目的就是為了大戶大資金的進貨和出貨。這樣的劇碼週而復始地在股市上演，我也看了二十幾年，除了演員換了人之外，劇本從來沒有更

換過！而每次演出，總會有人熱情地帶著大把大把的鈔票去擔任臨時演員。然後戲演完了也悲情的把錢給留在大量且人多的地方。

說起來，這是很傷人的！怎麼都是散戶在受傷呢？但是股市本來就是殺戮戰場，是肉弱強食的世界，散戶本來就是刀俎上的魚肉任人宰割啊！

不過這樣的資訊卻給了我們技術分析的人一個很好的訊號，我們想當贏家就要學主力大戶的手法，當漲高了、量放大了、融資大增了，大家都搶著買的時候，我們就賣給想要的人；當跌深了、量縮了、融資大幅減少了，大家都不要的時候，我們就買回來。

總之，買賣上你要站在主力大戶這一邊思考，不要站在散戶這一邊，這樣就對了。

三、中長線的均線

股市操作，我曾經鑽入很複雜的分析裡面，包括多層級的分析和極短線的操作技巧，但是隨著年紀漸長體力漸衰，對那些複雜的層級和極耗體力的短線當沖，漸漸失去興趣，取而代之的是較簡單的長線操作，因為要長線操作就要取穩定的長線指標。在所有指標當中，我最熟悉也最好用的就是均線，雖然均線有點笨也有點落後，但我始終認為均線是最好的趨勢指標。

在看頭部和底部的時候，有很多方式比如量價或者型態等等，可以找到高點和低點，也有很多方式可以判斷頭部成立或者底部成立，但是最簡單的還是均線。股價下跌，到後來會開始築底，這時季線會走平，然後股價上漲穿越季線，這時候底部大概已經完成了，如果月線突破季線，就可以視為已經啟動多頭行情。

趨勢生命力

當高檔震盪中，季線走平，股價跌破季線，頭部大概已經出現，如果再看到月線往下穿越季線，空頭啟動，股價隨時會開始急跌。

這個鳥巢的現象很容易分辨，對多數新手散戶而言這是最起碼的股市技術觀念，就算股市老手對這樣的觀念大概也很受用，所以本書會用較大的篇幅來加以討論。

雙均線定多空

■ 季線上下的多空勢力

股價分辨多空的方法有很多，幾乎每一個門派都有獨特的多空判別法，操作股票最重要的是要能夠「輕鬆獲利」，有個上班族的投資人問我，有沒有買了以後可以安心擺著，不用盯盤，也不用天天看，一週或一個月看一次就可以的技術方法？

就我所學和多年操作得到的經驗，股票的中長線投資，以台股的週期來說，大概半年就會有一個不小的多空循環，用50MA來操作，效果很不錯！對上班族而言，用季線分多空應該是最簡單的，如果能配合加權指數站上季線，而且季線又是往上揚升的話，通常可以持續上揚兩、三個月甚至更長的時間，有這樣的中長線漲升背景，買股票操作起來不是很輕鬆嗎？

很多認為唯有買在最低點才能賺錢的股市投資人，其心理上最大的盲點就是怕低檔沒持股，兩手空空的，萬一明天行情開始展開

一大波漲勢，不就沒賺到了？但這樣的想法常常會讓人不自覺地做出追反彈高點的住套房行為，而且愈套愈深。

　　拋開季線之下容易大跌和容易產生地雷股的情況不說，**個人的操作觀念是，除非是抱定搶短線的反彈，在季線下方的股票沒有充分的理由，是不值得買進持有的。**

　　不過，對於有些本質不錯的績優公司，我並不反對長線的價值型投資人在季線下買進當股東。但我想很多投資人都有過這樣的經驗，低檔布局買進的股票，將來大盤上揚時卻未必會強勢上漲，這也是很令人懊惱的事。

　　你知道嗎？什麼人有資格去做逢低買進的布局？坦白一點說，敢在下跌中低檔布局的人，就是有計畫去吸收籌碼的人，亦即將來有能力拉抬股價的人才有資格低檔布局，因為這些人深知公司的狀況和產業前景，也有能力作解套行情，所以他們不怕套牢。

　　其實，股票操作會賺錢的是正確且大量的部位，而敢於建立大的部位，也唯有在趨勢正確的情況下不斷加碼才有可能。除非是公司派或有能力作價的主力大戶才敢低檔大買，身為散戶的你我在下跌過程中敢放入多少成數的資金呢？

　　因為我總是忍不住虧損不賣，如果在空頭格局中逢低去買，稍一下跌就把我甩出來了，所以我只敢賺順勢的錢，空頭就是作空，對低檔布局這種逆勢的事兒，我一向是敬而遠之的。

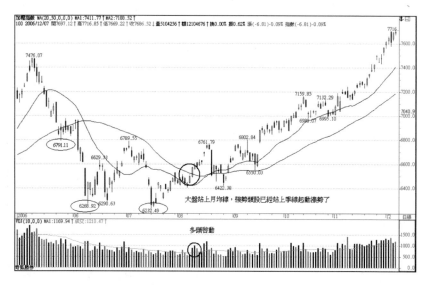

如果是以賺價差交易為主的投資人，當行情真正出現，市場總是會給你明確的訊號，**當大盤站上月線，去挑月線站上季線、且月線和季線雙雙上揚的個股，等待該股的買進訊號**，這時候進場買進，雖然買的不是最低點，卻是最安全而且快速的賺錢機會。

多頭時期天天有大漲的股票，到處都是強勢股，到處都是黃金，這時大可大力買進，充分享受漲升之樂；等到大勢不佳，大盤跌破月線或季線，股票已紛紛漲不動而作頭，不容易挑到上漲的股票時，迅速離場保住現金，才是我們業餘者該遵循的操作法則。

股票也是一樣，20MA＞50MA開始找回檔作多總是比較好操作，方向正確也比較安穩。

如2409友達：

　　在2007年1月，月線和季線交叉往上，之後回檔不破前一個低點買進，都是很不錯的買點，可以持有四、五個月，這樣的操作不是很輕鬆嗎？

趨勢生命力

再舉一例2376技嘉：

月線和季線的方向一致之後，所顯現的威力就是如此驚人！

當然並不是所有的股票都會是這樣，會這樣走的股票除了均線所顯示的之外，一定還有其它原因，比如，成交量的擴增等等，但用中、長兩條均線來選擇股票卻是很容易找到漲跌趨勢的線索。

■ 葛蘭碧法則

多頭有主要趨勢，空頭也有主要趨勢，而主要趨勢之下又有次要趨勢，亦即多頭浪和空頭浪，主要就是一種乖離的修正，就像橡皮筋拉開之後一放手就會彈回來，在空頭趨勢中叫做反彈，在多頭趨勢中叫做回檔。反彈和回檔都是空間修正的一種短線行為。

空間修正的方式有如葛蘭碧八大買賣點的法則，以長均線來做主要趨勢，用短均線來表示這樣的波動和買賣點。

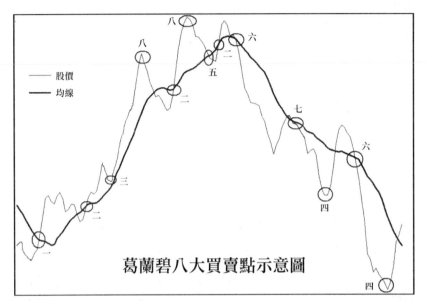

葛蘭碧八大買賣點示意圖

　　葛蘭碧八大法則，簡單的歸納，就是以一條均線為主軸，以股價穿越均線或跌破均線做主要的買賣點，並以乖離做為次要的買賣點。

在均線往上之時，二、三、五就是回檔的買點。

均線往下時，六、七就是反彈的空點。

八的賣點是乖離過大的賣點。

四的買點是乖離過大的買點。

　　不過要注意的是，實際走勢中的買賣點，其出現順序不一定是這樣排列，一個上升波段中會重複出現很多次買點，一個下跌的趨勢中也會重複出現很多次空點。

　　如果我們以季線當作主要趨勢，以股價站上季線當作是多頭浪的開始，以股價跌破季線當作主要趨勢的開始，而以5MA做買賣點。

趨勢生命力

如下圖：

　　但因為5MA和50MA不容易交叉，所以這裡的買賣點不是用兩條均線交叉，我們可以用**股價和5MA交叉**，也就是以50MA分多空，以股價站上5MA和跌破5MA來作買賣點。

　　站上5MA之後就有機會反彈，彈完了又回到主要趨勢的方向繼續下跌破底，這5MA就像是橡皮筋的作用，周而復始的下跌→反彈→下跌……，就叫做空頭浪，直到最後彈回季線上方，結束空頭的主要趨勢。

　　相同的，在多頭也以50MA季線為主要趨勢，當股價站上50MA為多頭主要趨勢的開端，之後有跌破5MA回檔，回檔後再度站上5MA又開始上漲，不斷的拉回又上漲就是多頭浪，直到跌破季線為主要趨勢的結束。

　　買賣點請自己在圖表上標示。

均線這東西在任何商品都可以看到，用法也都是一樣的，看一下道瓊：

配上均線，你會覺得國外的商品很難嗎？

當然，不是每一波都有這樣明顯的主要趨勢的走勢，如果在盤整盤中用5MA做買賣點是很傷的。幸運的是，台股有一千多檔股票，如果用心找，一定可以找出具有這種明顯走勢的股票，希望你抓得到，也希望你能懂得運用「多頭浪回檔找買點，空頭浪反彈找空點」的口訣獲取利潤。

關於多頭浪和空頭浪，我已在前一本書《活出股市生命力》做過解說，之後會在下本書《轉折生命力》（預訂2009年2月出版）再做比較深入的探討，請期待，不過，這本書將採限額分享，相關資訊請洽聚財資訊。

趨勢生命力

■ 雙均線操作，更加穩健

每逢假日，貓空纜車總是排著長長的等待長龍，算是台北人潮最多的景點之一吧！貓空纜車一條纜線就行了，如50MA就是單均線的系統，但是在操作上，長、短兩條均線的雙均線操作反而比單一均線操作穩健。就如鐵軌，要有兩條鐵軌才能讓車子跑得穩，所以要操作更穩作你要建立一個雙均線的多空軌道，也就是多空勢力。

有人說，移動平均線的買賣交易在趨勢明顯時效果很好，但是一旦遇到牛皮盤整行情，移動平均線所發出的信號就過於頻繁而且極其不準確。其實，只要是牛皮行情，任何指標都一樣，訊號頻繁且不準確，那麼我們不用機械化的方式，只要等趨勢明顯的時候不就可以了嗎？

什麼時候會有明顯的趨勢呢？就是主要趨勢要出現的時候，你可以發現股價在站回季線之前的底部區，常常是一個空間有限的狹窄整理寬帶，這是很難操作的地方，也就是盤整區，但是股價一旦站上季線，且月線也向上，就會脫離盤整區，展開一個趨勢明顯且較大的行情，當然頭部也是這樣的。

股市的秘密在突破整理後的新方向，20MA和50MA方向一致時，就具有指出新方向的功能。不過我所謂的長線大行情並不是指急速噴出的行情，而是沿著45度角上升的長線行情，這樣的行情大多是在月線上揚、季線也上揚之後發生的。這樣的行情才是可長可久。

舉例，月線20MA和季線50MA就是多空軌道，也就是一個由20MA和50MA形成的多空勢力，股價若上了軌道，就有中長線多空勢力的

背景，趨勢方向就變得很明顯，長線的軌道上面我們很容易看到很多次級的波動，也就是多頭浪會一浪接著一浪往上爬，有長線的漲升為背景，多頭回檔找買點，這樣就很好操作了。

至於空頭的時候，就是月線和季線都往下走，這時的空頭趨勢也很明顯，在空頭主要趨勢之下，就會有很明顯的次級波動不斷地往下破低，空頭反彈找空點，這時就可發揮它的功用了。

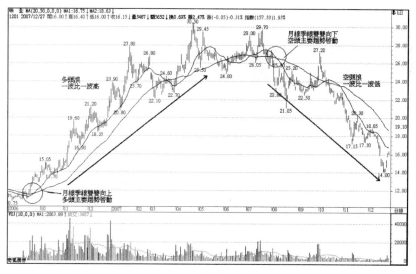

上面的舉例是1201味全的K線圖，在2006年9月，中、長期均線雙雙上揚後，找回檔的買點加碼買進，然後在2007年6月均線糾結、不好操作的行情中，逐步出清；2007年8月在中、長期均線雙雙下跌後開始放空，並找反彈高點放空。

這是抓住主要趨勢的大方向，並操作次要趨勢的多頭浪和空頭浪的例子。

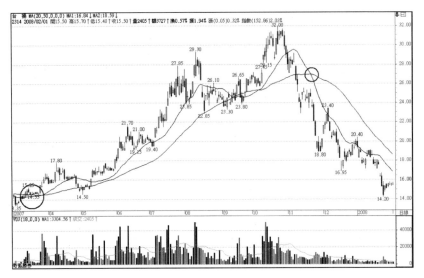

以上面1201味全的操作方式，上圖2314台揚，你會怎樣作呢？

至於要取哪兩條線為你的多空勢力，就要看你準備作多長的操作，你不一定要用我上面20MA和50MA的參數，可以任意設你要的參數，比如12MA和36MA、15MA和55MA、20MA和60MA……等等，都有人在用，而且用得很好。

雙線的多空勢力是一個趨勢的觀念，它告訴我們這是一個中長線的趨勢，當然不是每一回看到這樣就會有大波行情的啟動，不過如果能配合主流類股的選股方式，要找到這樣的股票並不困難。20MA和50MA也只是舉例，說真的，我也不希望大家都用同樣的參數，因為每個人的個性都不一樣，同樣的參數有人覺得好用，也會有人覺得不好用，觀念弄懂了最重要，參數並不是重點。

說明到此，你應該知道季線上下你有多少時間可以作多！雙線的多空啟動會有多大的力道！有沒有感覺要看一檔股票的趨勢和買賣點，不再是那樣困難？

　　如果能夠把握長線的多空原則，從1101台泥到最後的99類股，一千多檔股票慢慢去印證，慢慢去看買賣點，看買點來了以後三五十天的情形，再看賣點來了以後一、兩個月的狀況，沒事多看圖多印證，你會嘆一口氣，在雙線所包容的多空勢力下，股票的天空——**真的好美**。

雙線死叉，非死即傷

　　就大盤來說，標題真的是很經典的一句話。

　　在跌破季線之前，股價會先跌破月線，就中長線的操作來說，這是第一個減碼調節的時間點，跌破月線就要先賣一半，跌破季線就賣光，而當月線和季線死亡交叉之後，大空頭已經來臨，放空成為主要操作方向，此時留多單只能說是和自己的銀子過不去。

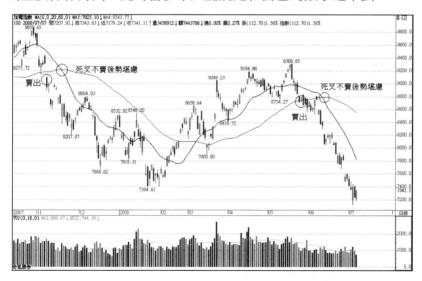

趨勢生命力

跌破季線和月、季線交叉，可說是中長線操作上最基本的賣點：

股票跌破月線就是提醒你要賣了！

跌破季線是第二度提醒你，要大跌了！

月線和季線死亡交叉又再次提醒你，不賣不行了！

三次提醒你都無動於衷！那也罔費你花那麼多時間閱讀本書了。

通常加權股價會落後個股的股價，在底部的時候，加權指數剛站上月線就已經有很多領導股已經站上季線；同樣的，加權跌破月線表示很多領跌股票已經跌到季線之下了；加權跌破季線，很多股票已經月線和季線死亡交叉了；加權指數月線死亡交叉季線，表示很多股票已經跌一大段了。

賣點出現你不賣，還在幻想公司業績有多好、本益比可以享受多高……，等到被套，且愈套愈深時，就不要懊悔被報章媒體騙，哭著怪起是誰叫你買股票，鬧著說是哪個分析師都沒說要賣……！一切都已經太晚，也只能怪自己了，如果你有了方法，卻不照著作，這又能怪誰呢？

看過一本股票的書說過：「**散戶的週遭都是咕咕叫的火雞，要使他們成為老鷹很不容易。**」這句話很殘忍但卻很貼切，散戶應該牢記。短線功夫不如人，輸了小傷倒是沒話說，長線輸了可就是重傷，可能要很久很久才能夠復原呢。

舉例 2354 鴻準

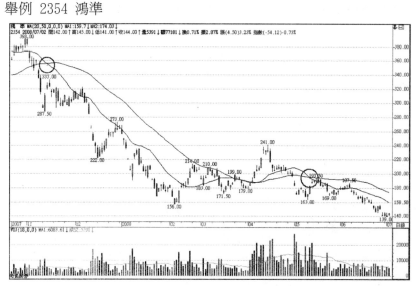

3376 新日興

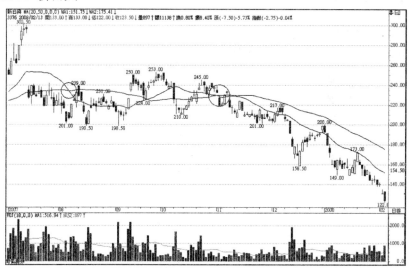

趨勢生命力

3376新日興在2007年七月高檔除權後，月線和季線多次交叉，最後在11月上攻無力，終於往下跌，在此之前的九月也有交叉往上，如果當時能夠放量長紅，說不定結果就不一樣了。

老實說，我不相信有任何一位讀者看了一本書之後，就開始龍飛鳳舞的操作了起來，股市的任何一項知識和技術，就算你從歷史上看到很多足以讓你警惕的圖形，但你沒有實際操作過，就不會知道結果是如何，以及在那種情境之下的感覺是如何。

唯有親身試驗，才能體會其中的酸、甜、苦、辣、辛，就像**覆巢之下無完卵，大盤一走空，十之八九的股票都大跌**，這樣的情況如果你沒有經歷過，就算我解釋得再詳細，舉再多例證給你看，都不如你親身去體驗一次那種崩跌的情況更刻骨銘心。

▣ 心得拾偶

兩條線定操作的多空，對於苦苦尋覓如何看多和看空的朋友來說，有一首詩或許能充分顯現這一意境：

處處逢歸路，頭頭達故鄉。
本來現成事，何必待思量。

兩條均線，就可以把後面長達兩、三個月的多空循環描述出來，而且這均線還如影隨形地伴隨著K線圖走，這樣漂亮的東西就在眼前，大部分的人卻還苦苦尋覓佳人在何處，殊不知伊人就在驀然回首的燈火闌珊處。

均線或許很簡單，簡單到很多人會輕視它，但羅威廿年來的心得是，均線在簡單中卻能顯現多空趨勢的不凡！多年的操作和近年來在網路寫稿，這兩條線對我的格局判斷幫助最大，我用這兩條線

來判斷多空及買賣點，很少出差錯（當然短線的轉折又是另一番功夫了），希望讀者諸君千萬不要因為它太簡單而輕忽它。

季線是中長期均線，沒有站上季線，中長線就不看好，也就沒有買進持有的必要了。

月線由下往上穿越季線，多頭列車將要開動，還沒上車的旅客請趕快上車。

月線由上往下跌破季線，空頭列車將要開動，下車的旅客別忘了自己的東西。

股價波動底下的財富本質，有一定的規律，對散戶來說，簡單的雙線分辨多空，是最佳的技術顧問，站上季線讓你在合理中發現賺錢的機會，多頭啟動就可以安穩的作多一段時間；跌破季線讓你發現不合理的時機，實現利潤，空頭啟動就可以安穩的作空或休息一段時間，這樣不是很好嗎？

季線和月線所建立的多空勢力軌道，是中長線發展的保護傘，對於兩條線的靠近和分離，對於行情的解答，請各位多找些K線圖來印證，多看看這兩條線的運轉情況，應該會給自己很充分的信心。

雙線真趣在山林，世人誰能識此心。
一處通兮處處通，如風過樹月行空。

當你了解這句話後，後面的篇章你就容易一悟千悟、一通百通，而有豁然開朗的感覺，「如風過樹月行空」，自在灑脫，無所阻礙。

希望你已經有這樣的感覺，也希望你已經看到那個光了。下面這一章節，我們繼續談如何用均線找強勢股。

趨勢生命力

要如何找強勢股

　　能夠買到天天漲不停的強勢股，應該是一件很爽的事，我也曾買過不少強勢股，那種感覺會讓人連走路都覺得輕飄飄的，好像在跳舞！不過，想買到強勢股除了選股的基本功夫要好，有一大部分也要運氣好才行。

　　強勢股會隨著大盤走強而成群的出現，同樣的多頭操作，在股票的選擇上要如何找強勢股，有幾個大原則：

1. 大盤站上月線走多。
2. 族群月線、季線交叉走多。
3. 找走多類股的龍頭股，和該類股價位最高的第一、二名。
4. 其它你特別關注的股票。

　　大盤上漲，有領先股、同步上漲股、落後股，分別敘述如下：

一、領先股

　　沒有以大盤漲升為背景的上漲都是不可靠的，但當大盤要上漲，總會有三到五類聰明資金早已進駐並暖身完畢，做好漲升的準備。當大盤季線走平之際，大盤的月線會往上揚，加權站上月線之後，這時已經有帶頭的強勢族群，領先出現月線和季線交叉往上的中長多買點，這些類股中逐漸放大成交量的股票絕對是隨便買隨便賺的首選，當然該類股的龍頭股或者價位最高的股票，是必然要的配備。

　　以2008年2月漲到5月這波為例，就類股來說，食品、營建、鋼鐵和觀光類股領先大盤於2007年底就完成底部走出多頭，大盤二月見低點後，當然也領先大盤而成為最強勢的族群。

　　其中營建類股在2008年1月多頭啟動之時，更是一馬當先的脫穎而出，可惜當時的大盤碰到歐洲銀行交易員大搞烏龍，使得某銀行大虧損的事件造成驚慌，全球股市莫名其妙的大跌三天，台股也受創而全面大跌須重新築底，到2月才又重新多頭啟動。

趨勢生命力

看一下這一段行情中營建類股指數圖：

　　找到強勢類股，優先考慮的就是買龍頭股，通常龍頭股不是領先也跟得上類股上漲的幅度，營建龍頭就是2501國建：

2520　冠德：

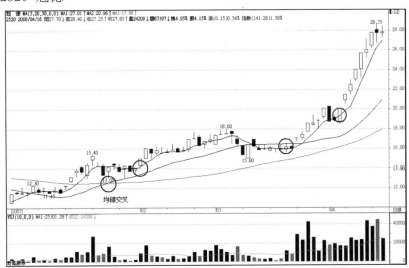

鋼鐵類股指數圖：

　　鋼鐵類股和營建類股一樣，都是在元月中就領先出線的主流類股，因此早就要鎖定注意。

趨勢生命力

鋼鐵龍頭2002中鋼：

類股最高價者 2015 豐興：

觀光類股指數圖：

龍頭 2704 國賓：

最貴的觀光股2707晶華：在這一波中榮登股后寶座。

趨勢生命力

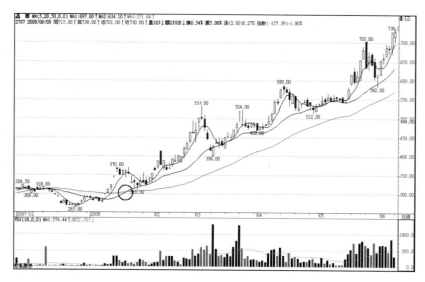

　　選股要先看類股，再選個股，如果已經挑到領先的類股族群，要在這些族群當中挑選強勢黑馬就簡單多了，**找該類股中的龍頭和最高價的跳進去就對了。**

　　每一個波段都會有領導的類股，要賺錢賺得有效率，就是要買這些領導族群中的領導股，同樣的一個波段，別的族群如果漲30%，這些族群的強勢股可能都已經飆漲快一倍了。

真正的強勢類股特徵

　　對於強勢類股的選擇，有一點必須要注意，就是該類股的成分股都必須走強，假定該類股有十檔股票，最少也要有七、八檔是上揚的，而且會互相輪動，亦即，有幾檔上漲也有幾檔休息，當上漲的那幾檔休息時，同類股已經休息過的股票要轉強，支撐該類股的上漲氣勢，這是真正主流類股的特色。

　　多頭一開始會有很多類股會爭相表態，好像通通都是主流！但因為市場的資金只有一套，只能夠集中在少數類股，因此一個多頭格局大概也只有兩、三個類股會是真正的主流，這時要注意該類股的成分股是否都有強勢輪流表態，這樣才能抓到真正的主流類股，也才能在這少數幾個主流類股中挑到真正的強勢股。

　　某一天我去搭捷運，當時捷運的門快關了，只見一位老阿婆快速的走進車廂，正好響起「嗶嗶嗶」準備關門的聲音，那位老阿婆突然說了一句：「厚！我就知道，超載！」於是她又馬上快速的衝出車廂！

　　大盤站上月線，你去找月線大於季線的類股和股票進場，放心啦！這是火車不是電梯，是火車要開動的徵兆，也絕對不會超載，趕快上車吧！下回多頭啟動，希望你能聽到這樣的聲音。

　　如果你要單挑個股也行，如1232大統益，在2008年2月加權低點7384前已經打底完畢，領先上揚，等到大盤開始上漲時，大統益就一馬當先，領先噴出去了。

二、同步上漲

當大盤季線翻揚才跟著季線翻揚的股票，屬於同步上揚的類股，這類股票最少都跟得上大勢，也是不錯的選擇，不過這時候大多是個股表現居多，而非該類股整個族群都是強勢。

如下圖，1104 環泥就是。

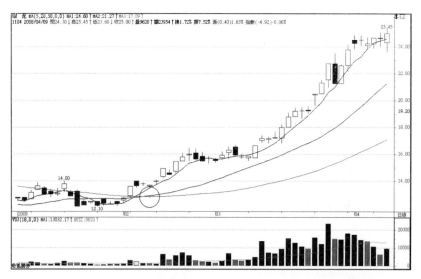

如果買的不是主流類股，能吸引的目光當然比較有限，漲升要靠主力大戶的拉抬，這樣要挑出能大漲的股票就相對困難很多。雖然從成交量上可以看出一些蛛絲馬跡，但因類股不整齊，單挑個股靠運氣的成分就要多些。

大黑馬都是自己跑出來的，我們也可能買到看起來是強勢股，但是買進後卻表現不強勢，這時就要果斷的汰弱出場，再擇強勢股進場，或者把資金加碼到手中的強勢股。

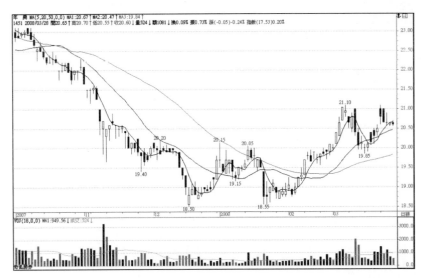

　　如上圖1451年興，在2008年2月領先大盤打底，上漲也是跑第一，但在之後卻無法持續強勢，反而領先跌破月線，反彈又無法強力演出，這就是要淘汰換股的情況。

　　這樣的股票就無法成為這波的主流，可能也是因為它前一波表現太亮麗，不久前才被炒作過有關吧！

三、落後股

　　如果大盤已經上揚一段時間，才出現股價站上季線的股票，則屬於落後族群，這種就不值得買進了，等到這些落後補漲股開始發動的時候，往往大盤已經反轉而下。2008年中的2月到5月這一波大部分塑膠類股和電子股都屬於此類。

　　如下圖，1303南亞在2008年2月隨勢反彈一波之後，就一蹶不振。

下圖2317鴻海也是一樣，類股無表現，個股就難有作為。

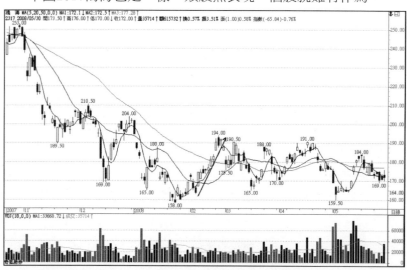

這兩檔股票也印證了低檔布局雖然買的是績優股，但也會有大盤上漲時無法隨勢上漲的迷思。南亞和鴻海都是業績和配股配息很

好的好股票，但在2008年大盤從低點7384上漲到520總統就職當天高點9309的兩千點過程中，這樣績優的股票卻缺席了，其實不只這兩檔股票缺席，幾乎塑化和電子都缺席了！

沒跟著漲已經很慘了，下跌還跟著大家跌！讓大多數的投資人搖頭嘆息。

如果你的本錢夠多，我並不反對做低檔逢低承接的布局，但是除非你有夠多的資訊和經驗可以精準的判斷出下一波的領導類股，否則即使認真的選股，也很忍耐的忍受愈買愈跌的痛苦，但是當大盤上漲時，你的股票是否會成為大漲的領導股呢？如果你沒有這樣的本事，那何不等待大盤將起，類股已經出頭了，再來選股進場比較妥當呢？

■ 專業顧門口

一位財務專業顧問收到新印的名片後，氣急敗壞地打電話向印刷廠抗議：

「你們搞什麼鬼？我的名片印成『專業顧門』，門少了一個口啦！」

「對不起對不起，我們馬上幫您重印！」

數日後，重新印的名片寄來了，上面的頭銜印著「專業顧門口」！

股市沒有專家，只有贏家和輸家，能成為贏家也不用請教專家，只要好好的顧好站上季線或跌破季線的「門口」就好了。

收盤價是交易的最後結果，均線是一段時間內收盤價的平均值，用這樣的判斷方式，可以由價格得知消息面的影響是錯還是

趨勢生命力

對，但對一般投資人來說，要他放棄公司的基本面，放棄消息面而依靠幾條線就去做操作判斷，成為這種專業顧著季線門口的專家，還真是非常困難的事。

■ 事先猜股不如事後選股

我不知道各位測試過沒有，就算基本面不錯的股票，低檔買進之後，將來能大漲的機會有多少？其實比率並不高。

股價上漲不光是基本面而已，還涉及產業面和聰明的大資金是否願意大量投入，但當大盤轉強、百花鳴放之後再進場選股買進，命中強勢大漲股票的機率就比前者高出很多。

> 頓悟原從漸悟來，花開全靠太陽曬，
> 曬到火候足夠時，朵朵好花忽然開。

股票的獲利來自於正確的方向且大量的部位。圖表看多了以後，你會發現，在波段的策略上，長天期的均線是很可靠的，你對未來飆股的運行會更加清楚，可以買的股票就是那幾個長相，你會很清楚賺錢的法則，只要好好運用技術圖表上中、長期均線告訴你的趨勢，正確的買進→加碼→持有，以及出場的觀念就可以了。

就分散組合的原則來說，一般散戶持股以三到五檔為佳，且分散到兩、三個類股比較好，當然如果該類股或族群強勢股太多的時候，只能擇優選擇一、兩檔，不可全部要，要把歪歪乾乾、長得不健康的嫩苗除去，只保留健康的幼苗，讓他得到更多的肥料（投入的資金）和成長空間。

■ 馬拉松選股理論

強勢股是大盤止穩後領先大盤起跑的股票。要選強勢股，好比長距離的馬拉松競賽，成千上萬的馬拉松選手聚集在起跑線的位置，這時要怎樣選到可能的得獎者呢？

如果你事先根據各種資料，從中挑選五個可能得獎的人為第一組，然後在這些選手跑了五公里之後，再從領先的二十位選手中選五個人為第二組。

這兩組各五位選手，跑進前三名得獎的機會，會是那一組比較高呢？

股市操作，永遠是在做錦上添花的事，配合大盤多頭啟動是第一個考量，個股站上季線是第二個安全的考量。大盤站上月線多頭啟動，好比是馬拉松選手已經跑了五公里，這時會有領先的族群和落後的族群，你從這些領先的類股中，挑最強的股票買進，享受綿延不斷的上漲是比較有成就感的。

股票不是你喜歡、你看好就會漲，也不是基本面好、業績好就會漲，如果沒有搭上主流族群上漲的列車，那些好股票也只是跑跑龍套而已。**唯有關注領先上漲的類股，切入領先上漲的股票，才是你獲取波段最大利潤的武器。**

所以，千萬不要為了摸不到底部的低價而懊惱，要知道如果你在底部買進，相信你買的也不多，想做長線加碼布局口袋也要夠深、資金夠長，才能耐得住長期的整理，而且還要祈禱它會隨勢上漲才行，說不定大盤才啟動，你就急著小賺賣掉了！

趨勢生命力

別忘了，股市賺錢的祕密是「正確的方向，大量的部位」，未能確定上漲前的摸底是不可能投入大量部位的，與其如此，不如在大盤底部確認開始漲升後，再找漲升初期的主流類股，等回檔時大力買進，這樣收穫才會更大。

長線大行情

也許有很多人認為，用技術面操作的人都是短線客。記得兩年前，有位投資人寫信給我，希望跟著我看盤學操作，他認為股票一定有很多「眉角」要學，於是約了時間在一家咖啡館聊聊。

當天，他和他太太一起來，他說他是位上班族，因為公司有可能會西進到大陸，雖然他捨不得這份工作，但又不放心妻小，不願跟著去大陸，又怕因此中年失業，所以想要辭去工作，專心操作股票。

我問他有多少資金？他說大約五百萬。

我又問他年薪大約多少？他說連年終獎金加起來大約百萬。

我告訴他，操作是有眉角這是沒錯，但是股票不像期貨一般，因為槓桿高，所以比較著重短線的技巧，股票如果每天研究強勢股，看到出量看到轉強，就趕快追進去，希望能夠賺到差價。你可曾想過在市場裡同樣做這些動作的投資人有多少？有那麼多人想要獲利，可能讓這些人都賺到錢嗎？股票操作並不一定要專職才行啊！股票通常是以時間換取獲利，像我股票買了就擺很久，很少進出呢！

任何人我都不會建議他辭去工作專職操作股票，辭去工作就等於沒有固定收入，光靠投資要維持開支是很辛苦的。除非你已經把三、五年的生活費都準備起來放在一邊了，否則每個月要從你的股票資金裡抽出生活費，你會發現你操作的錢會愈來愈少，愈作愈膽顫心驚。

就他而言，以五百萬的資金，每年要賺回一百萬來彌補上班所減少的收入以應生活支出，這對新手來說是有點困難的，所以應該專心工作，如觀念篇所提「守株待兔」的故事一般，做業餘長線投資，這樣至少生活絕對沒問題，而股票的收入就是多出來的「理財收入」，如此才是「一兼二顧，摸蛤兼洗褲(台語)」。

當天我除了告訴他季線的妙用之外，我還告訴他年線是飆漲線，如果各位細心觀察，很多會大漲的股票都是在年線(250MA)以上很久才發飆的，尤其是半年線(125MA)穿越年線之後，更容易大漲，這種股票買來一放，通常可以放一、兩年！一、兩年！他聽我這一說，眼睛張得大大的，一副不可思議的樣子。

趨勢生命力

我舉了幾個例子給他看：

9907 統一實：

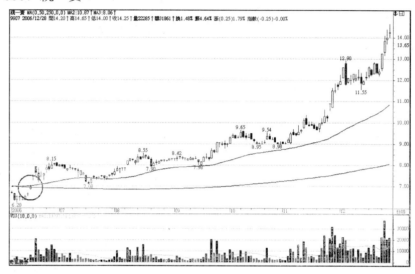

2002 中鋼：

　　我舉的兩個例子，一是9907統一實，一是2002的中鋼，從這兩張圖你可以發現，季線50MA和年線250MA黃金交叉後，找回檔的買點買進，長線持有到這兩條線死亡交叉後賣出，會有什麼樣的利潤！很讓人吃驚吧！

　　我說，上班族只要花點工夫選擇基本面好、殖利率高的股票，在年線翻揚之後找回檔買點買進，長線持有，照常上班，做這樣的股票投資就很好了，還需要專職看盤、操作短線嗎？

　　如果還要考慮基本面，建議從台灣五十和台灣中小型一百的成分股裡面的龍頭股去挑，因為這些成分股是由專責單位挑選出來的，基本面應該不會太差，可以信賴。

　　另外，如果自己對基本面略有研究，可以找殖利率高的前幾名，也可以從這些成分股中殖利率前10名的績優股去選股，配合大盤上了月線、開始走多時買進，我想對上班族來說這樣也就很夠了。

趨勢生命力

　　看兩檔台灣中型100的成分股：

你看一下，2454聯發科這樣的走勢你敢不敢買？

價位好高喔！也漲了一大段了！你真的敢買嗎？

再看下圖，這時候你敢不敢買？

　　前面一段沒買到，漲上去又掉下來，你會慶幸還好當時沒有買對吧！跌破50MA是大跌的樣子，整理後還會掉下去？這時你真的敢買嗎？

　　是嘛，你不敢買，我不敢買，很少人敢買，這很正常，而因為大家都不敢買，沒什麼量，所以很少散戶可以賺到後面飆漲一倍的大行情。

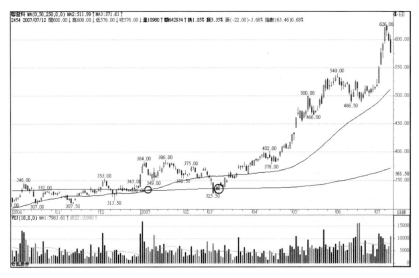

　　上圖聯發科兩個圓圈的位置，就是很少人敢買的位置，把後面的走勢拉開，會讓人很扼腕吧！你知道好的買點在哪嗎？就在這是季線大於年線的長線大多頭，上圖跌破了季線之後，在年線上遇到支撐，再度突破季線的位置，以後這種圖就要鎖定追蹤，重新站上季線就是好買點。

趨勢生命力

再看一檔3045台灣大，這樣的圖你會不會買？會嗎？還是不會？請老實說。

會啦！因為有聯發科的案例，你當然會買囉，對吧！那麼，再看下圖：

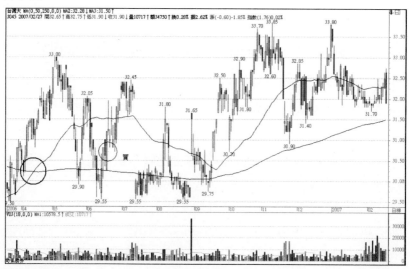

　　圖上的左下角圓圈是你買的位置，經過除權息之後，抱了半年，台灣大沒什麼漲，一直都在30元到33元之間晃，你會懷疑是不是買錯了，季線大於年線不是會大漲嗎？怎麼不見飆漲？於是你信心喪失了，你還有耐心續抱下去嗎？你會不會賣掉？

　　很好，相信你沒有賣，那麼再抱一年，台灣大漲到60元，恭喜你賺到一倍的利潤。

　　這是你發現合理的賺錢機會，敢於切入買進，加上你能夠長線抱牢所得到的合理利潤。說起來賺錢真的不容易，能抱一年半也是滿辛苦的事呢！這樣你知道，是什麼因素讓你賺到錢了嗎？是技術呢？還是時間？你有答案了嗎？

　　還有，你可能不知道很多股王、股后都是從這兩條生產線上面產生的吧！

趨勢生命力

舉例：2707晶華（2008年股后）

2498 宏達電（2006年股王）

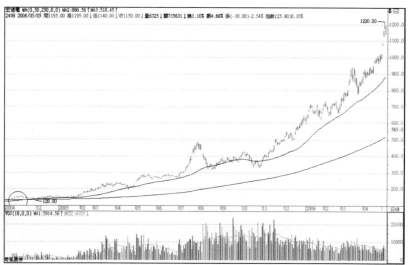

　　這樣的走勢很美麗吧！真的好美啊！真恨不得我們手上的股票都是這種長線大漲的股票。

　　長均線引導出長線的行情，股價120MA半年線穿越250MA年線，就可以開始逢回買進，或者配合大盤，等待大盤長線起動去買進，停損點可以放寬一點。這種股票幾乎沒有不漲的，長線持有就行了，一放就可以放上一整年甚至更久，獲利只是遲早的事。

　　可是你知道嗎？能夠在長線開始要大漲時就買進的人並不多，因為起漲的位置技術面的長相都很醜，醜到想要多看一眼都困難，而且買入後可以這樣耐得住震盪、長線持有的股票的人其實很少，所以大部分的人都是在後段量放大後才去追買，然後賺個幾%的短線利潤就跑掉了。

3008 大立光

趨勢生命力

其實，只要你打開股價K線圖，你可以找到每一檔股票都有過這樣的行情，幾乎這兩條線就是散戶的印鈔機，可惜不知道的人太多。我看著這對夫妻一檔一檔的看，聽他喊著「都有一倍、兩倍的漲幅呢！」那種吃驚的表情，一副不可置信的模樣，至今都還令我印象深刻。

「哇！這檔漲了十倍！」聽他這樣一喊，我側過頭去，原來是2354鴻準，從44元漲到440元！

我說，看歷史K線圖很容易了解，也很容易誤以為大賺很輕鬆，你看這些大漲的股票一漲就是半年、一年，甚至兩年以上，上漲的時間夠久，累積的漲幅當然驚人，真的好美好美！

但是真實的操作中，這些股票的起漲位置長得好醜，醜到你不知道眼前的醜小鴨將來會是隻美麗的天鵝。漫長的上漲過程中也不斷的震盪，也很少有人能夠抱那樣久，大多賺個十幾、二十個百分

點就溜掉了，如果是有時間看盤的人，根本不可能抱得住，因為盤中一個急殺或者大盤大跌一、兩天就被嚇出去了，反而是沒時間看盤的上班族朋友，比較有機會賺到大波段的行情。

記得以前我的營業員告訴我：**會選股卻不看盤的人賺最多。**

因為這種人都是選好股票，找機會買進以後就丟著，過了半年、一年才來賣。如果有看盤，大概一個大跌或者一個回檔就被甩出去了不是賺不到就是只賺到小的。

有時候想想人家說**「一年買一、兩次股票就夠了！」**真的不是說假的。

我問他們夫妻倆：「你知道為何這些股票可以漲這麼久嗎？」

他太太說：「知道，因為站上季線可以漲一季！站上年線就可漲一年！」

我說：「聰明！不過可以漲這樣久的股票，一定是基本面很好的股票，而且大多有業績和獲利大爆發的實質支撐，只是它在漲的原因是什麼我們不知道而已。等到消息曝光，新聞雜誌開始大幅報導這家公司的大利多，大家都知道為什麼會大漲，開始看好追進的時候，差不多高點也快到了，報紙大量出利多那時候就可以開始慢慢賣了。」

當天他們夫妻倆連聲說謝謝，帶著很滿意的笑容回去了。

我望著桌上的咖啡杯，想著，現在看這本書的你，會不會請我喝杯咖啡呢？

當然我也知道，要讓你請我喝杯咖啡是不容易的！除非你真的對這些內容很有興趣，又很喜歡挖寶的人！

趨勢生命力

對一本書的作者來說，世上有兩難。

第一難：要能夠讓你願意花錢來買這本書──難！

第二難：要把我頭腦內的東西裝進你的頭腦──難！

因為你是你、我是我，我頭腦內的東西不可能一下子跑到你腦子裡生根，必須經過時間和空間的轉換，才能變成你的思想。但是我提出的方式和原則絕不會害人，只要你能夠吸收，能夠把握本書的大原則據以實行，依法買賣，將來想要大輸大概也很難，操作穩定後，自然可以慢慢有所獲利。一本書的功能大概也就這樣而已。

從事股票投資廿餘年，自公職退休後，我把所學的技術濃縮成一個簡單的觀念和一些簡單的技巧，花了很多時間編成這本《趨勢生命力》。我所要揭示的交易策略很簡單，就是長線的趨勢該如何辨認，強勢股票該何時買進及如何選擇。我想用這本書的幾個重要觀念，來鼓勵那些有心研究股市交易機制的人，希望他們能夠藉此得到一些啟發。我相信只要你遵守本書的投資規則，那麼你靠著股市致富的機會將會大大的增加。

證嚴法師說過一段話：「我講了一大段，在場能聽懂的人沒幾個，會去做的人更少，但只要有一個人聽得懂，我就會滿足了。即使我花了一大段時間，但若能對他有幫助，那就夠了。」這本書我很用心的編輯，目的只是想告訴大家股市裡面的一個很重要的現象，希望給您一個參考。不過請記住，它並不是必勝的秘笈，它只是勝率比較高的方法而已，我希望讀者能夠從中學習到一些經驗，

並避免遭到嚴重的失敗，如果能夠幫你引導出正確的方向，那這就是一本有價值的書了。

我認為，股市有兩個重要的技術，一個是趨勢，一個是轉折，趨勢是兩條均線，轉折是一個指標。本書提出簡單的趨勢判斷技巧，希望你會喜歡，下本書將以深入淺出的觀念來和大家討論轉折的思考邏輯，敬請期待。

初祖達摩示法詩：**吾本來茲土，傳法救迷情，一花開五葉，結果自然成**。如果各位能夠在將來的實際交易中，實踐本書的交易規則，並且進一步獲利，則未來也必定能夠寫下自己的操作故事。

趨勢生命力

實戰篇

趨勢生命力

引言

本篇原本是收錄在我的上一本書《活出股市生命力》的實戰篇，該書實戰篇主要是收集我在聚財網從2005年8月12日開始，到2006年6月3日所連續貼出的文稿，總共有70篇，我依照大盤的多空格局，大略把它分成四個階段，但因為該書編輯後發現頁數過多，故將此篇第一階段的「空頭之部」刪除。

該書出版後，為了服務讀者，我將被刪除的這篇空頭之部原稿存放在奇摩家族的網頁，供讀者下載，並在該書的393頁註明。後來因為奇摩家族網站疏於維護，以致很多網友表示無法下載，為了不失信於《活出股市生命力》一書的讀者，故再次將此空頭之部收錄於本書之中，奇摩家族的檔案會在本書發行後刪除。

實戰篇的文章大多是當時針對盤勢發表在聚財網的分析稿，但也可能有些內容與盤勢無關，不過為了使紀錄連貫，所以就一併收錄進來。

網路寫稿總是比較隨興，沒有固定的時間，也沒有固定的方式，大部分都是在陳述一些觀念，盤勢重點大多只有在文章末端做提示，但是如果你對照均線和多頭浪、空頭浪的思考邏輯，相信是很容易理解的。這些紀錄與其說是實戰分析稿，毋寧說是我想藉著它傳遞一些股市操作的觀念，希望您能多用心體會字裡行間的真義。

　　本實戰篇的圖檔以通用的60MA為季線，因為既然是寫給大家看的，就以通用的參數來寫，這和技術篇用50MA為季線不同，但差別並不大。

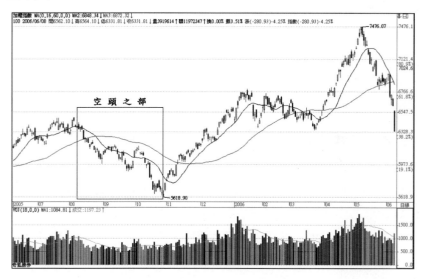

　　空頭之部，收錄了94年8月12日到94年10月28日這段時間，指數從6481跌到5618這段下跌波段，總共22篇文章，希望你會喜歡。

趨勢生命力

賺錢的魔術

2005/08/14

市場上的頂尖好手通常起步都相當坎坷，你可以在寰宇出版的《股市大亨》、《金融怪傑》等書中，透過訪問許多成功傑出的操作人士，看到很多這樣的例子，在他們成功之前，都曾經面對多年的大虧損。**任何新手如果一開始就賺大錢，事實上很可能是禍、不是福。**

如果你進入股市一直都沒有嚐過失敗，每一次進場都能賺到錢，只能說運氣真的太好了。但是這些新手卻不這樣認為，他會覺得自己是天生好手，是股市的提款機，是會變錢的魔術師！但是他沒有注意到他之所以賺錢，可能是因為股市正在漲，幾乎每種股票都在漲，就算有小回檔仍然會再漲回來，追高之後還是能夠獲利，他不知道只是剛好搭上了上漲的順風車而已。

他會認為自己是頂尖玩家，於是便大舉借貸融資進場，甚至接受親戚朋友的委託，做起代操工作。因為碰上大多頭的上漲時段，手風實在太順，操作態度又過度積極，一旦市場的泡沫破裂，手風轉逆、魔術失靈的時候，他為錯誤所付出的代價可能是一般人的好幾十倍，甚至因而破產。

「做好資金控管，保護好你的學習資本」這是很多老前輩的勸告，只可惜，很多新進股市的人都聽不進去。

其實，當一個人手風正順的時候，是不會聽別人的勸告的，只有等市場的大巴掌打來，嘴角流血、鼻青臉腫、斷手斷腳甚至斷頭之後，才不會嘴硬的與你爭辯。市場是相當殘酷的，只有當你從魔

術帽子裡抓出來的不是兔子，而是一隻大熊的時候，才會知道後果嚴重了。

　　最近的盤勢已經漸漸出現這樣的徵兆了，從6481高點只過前波7/24高點6480一點，從高價股開始重挫，從強勢股不再天天收紅，從跌停股紛紛輪流出現，連鴻海都會出現跌停……，月線慢慢走平，加權跌破了月線！不知道你有沒有嗅到一絲絲不安的氣息？你會感覺到作多賺錢已經不像前一段那樣容易了！

　　6401之後出現三個小高點，高點的距離愈來愈小，這樣的現象很明顯的表示大盤已經開始盤整，這種盤你追高被巴、放空被軋，這十幾個交易日或許已經吞掉了你過去一、兩個月的獲利了。你可以檢視一下你的進出紀錄，是不是因為買賣的金額比兩個月前還要大？是不是你最近操作的頻率比較高？如果是，那你可能已經犯了過度操作、資金控管的嚴重問題了。

趨勢生命力

　　碰到盤整，就是減碼、減碼、再減碼，把操作金額減到最低，持盈保泰、減碼操作以保住最多的資金才是正途，否則下回行情再發動時，你可能已經沒有資金可以進場，只能在場外怨嘆了。

　　盤勢：週四尾盤急拉，週五收盤又沒有過前一個高點。怪了！這是在搞什麼？羅威沒有比你高竿多少，只是注意到多頭浪高要過高、低不能破低，空頭浪則是低破低、高不會過高，所以開盤後沒多久就把多單出掉了。再幾天就結算了，通常結算前我是盡量不做單的。

　　值得注意的是，這種圖形最近已經上演三次了，後面會不會讓你再來一次？加權請小心6290多頭浪前波低點的防守，台台請注意6264不要破，如果這兩點守不住，M頭成形鳥巢翻覆就要往6180尋找支撐，整個上升格局就不再是那樣強勢了。

　　股市賺錢的魔術，看起來很精彩但不容易學好，還沒練好技藝之前就是**盡量保有你的學習資金**。對於新手的資金管理方式，我的建議是：學習的前兩三年，不要做過度的投入，不要做過高頻率的操作，才是保住資金的最好方式；要先學會等待，等到你很熟悉的那個賺錢方式出現再進場，讓賺錢成為你的習慣，而這是很不容易練成的。

　　20MA仍然大於60MA，長線的看法仍然偏多，但是已經開始盤整，是否做頭還有待破最後低點6290來確認，空間修正的震盪如果能夠避開，可能是比在這時期去賠錢更重要的吧。

　　現在看起來，作空也許不錯，可惜現在仍在長線保護下，作空的時機還不是很成熟，盡量只做高出、收回資金就可以了。

向壁虎學本領 Part 1

2005/08/15

　　保住操作資金永遠是投資人最重要的課題。大家都知道壁虎斷尾求生的故事，當壁虎碰上危險時，會自斷尾巴以求生存，因為尾巴會再長出來，這個故事引申到股市就是「停損」，停損可以保住資金、不繼續虧損，將來碰到熟悉的多頭型態出現時，才可以再度進場。羅威週五出清空手之後就已經決定休息，因為結算在即，結算前通常我會自我放假，今天已經破了短線上多頭防守的低點6290，短線的格局已經遭到破壞，動作只有一個：「多單走人」，該走的時候就是要走。

　　壁虎除了會斷尾求生之外，他還有更大的本領就是「覓食」，你知道壁虎怎樣覓食的嗎？

　　小時候住的是農舍，玻璃窗外經常可以看到壁虎的身影，當壁虎看到獵物時，他會慢慢爬到距離獵物差不多10公分的位置，然後一動也不動的趴著，觀察獵物的動向，在最適當的時機快速往前衝，舌頭一伸、口到擒來，再快速的爬到角落，慢慢吞食。小時候看到這一幕，都會叫弟弟妹妹來看，看完牠的捕食技巧之後，大家會高高興興的拍手，誇讚這隻壁虎好棒喔！

　　小小動物都會斷尾求生，都會在覓食中忍耐、等待最佳時機，那麼體積比壁虎大上萬倍的人，在股市要怎樣覓食求生存呢？

　　結算前三天，我自知鬥不過老千，所以通常選擇休息，盤中有機會就做點當沖，賺點看盤費，沒有機會就睡覺也無妨。

趨勢生命力

認清趨勢，短線的格局遭到破壞，盤整破了低點，結算前這裡放空沒有高勝算，作多也是，**在勝算很低的時候就不要勉強出手！因此我買了一些下個月的put試看看，剩下的等待局勢明朗以後再說了。**反正散戶有的是時間，可以慢慢等，等到看得懂、看得準、有把握的時候再出擊。

18日均量和18日均價線雙雙向下，6290前波低點(末升低)跌破！空頭悄悄啟動了，季線和6180是多頭的最後堡壘，如果這裡被擊穿，各位可要自求多福了。

向壁虎學本領 Part 2

2005/08/16

上篇提到壁虎斷尾求生，和其覓食前的蟄伏、等待最佳出手的時機，引來不少壁虎的相關話題，小時候有聽說濁水溪以南的壁虎會叫，以北的壁虎不會叫，我住濁水溪以北的二水，那裡的壁虎會叫，但台中的壁虎好像沒有聽過他的叫聲？羅威說結算前的行情都差不多，不是區間很小，就是大的起伏，因為老是不按牌理出牌，所以我自動放假三天，盤中如果有好機會就當沖一下，沒有機會就睡大覺也無妨。

精明的賭徒，唯有拿到一手好牌才會大膽下注，就如打麻將一樣，你手上都是十三不靠的大爛牌，卻還吃吃碰碰，放槍的機會恐怕不小，因此精明的交易者會等待高勝算的機會，而且也必須這樣做。在股市中，你有權利在場外等待，等到充分的證據顯示出手會有較高的勝率才進場；沒有必要去做你看到的每一筆交易，對於一些要死不活、沒有明確走勢的行情，沒有必要進場。事實上，如果能做到「耐心等待」這一點，相信你的出手次數會大幅減少，績效絕對會大幅提升。

玻璃窗上的壁虎，當牠注視著獵物的時候，旁邊還有許多蚊子在飛，可是牠卻視而不見，只專注於眼前被牠盯住的這隻，我們可以想想看，如果牠每一隻都想捕捉，那麼可能會忙得團團轉，結果一隻也沒辦法抓到，說不定這樣轉來轉去就從天花板上掉了下來，就這麼摔死了也說不定！

趨勢生命力

通常市場上真正的頂尖玩家，都只有操作單一市場、單一類股，和少數的幾檔股票，因為這樣才能專心照顧，如果注意力過於分散，不容易察覺進場點和出場點，情緒和資金控制就無法兼顧，買賣時機就容易錯失掉。

專注的守住獵物，不理會其他，我們是不是也該向壁虎學習這個本領呢？

也許你會奇怪，幹麻老是用壁虎做例子，沒有其他動物好講了嗎？其實，生活中到處都是例子，只是剛好家裡的天花板來了一隻壁虎，窗外也有一隻，我確定窗外這隻是母的，因為透過玻璃可以看到牠肚子裡面有很多蛋，至於天花板上這隻是不是牠老公？我就不知道了！嘿嘿，盤勢無聊，睡了又被電話吵醒，起來練練打字消磨時間，磨磨牙也很不錯，嗯，網路真是個好地方！

剛剛看到的消息：

日本宮城縣又傳出強烈大地震，規模高達芮氏6.8，附近的東京也有強烈震感。日本氣象廳隨後發布海嘯警報，提醒民眾應加強防範，而根據ＮＨＫ的最新畫面，目前尚未傳出重大災情。

十二點左右的下殺是否和這有關？前波低點6290跌破了！空頭浪已經開始，多單請保重。

多空一線間

2005/08/18

　　股市的學問很多，隨時都會有利多、利空出現，所以我們天天都在學習。最近兩個影響盤勢比較大的新聞，一是MSCI結算價的問題，一是中共軍事演習的問題。

　　中共軍事演習已經司空見慣，短線會影響一下而已！但是在和MSCI的協商過程中，因而衍生是否斷訊、波及MSCI將台股除名等疑慮，說實在的，會怎樣演變我也不知道，不過如果因為這樣的意氣之爭，導致遭MSCI除名成為事實，那真的是台股的大災難。

　　這十多年來，台股因為資金不斷外移，靠的就是外資匯入資金買進股票，才把指數撐在這裡，一旦外資開始撤退，恐怕台股不會有買盤！台積電這種外資持股高達60%以上的股票，外資如果清倉大拍賣，殺破面值掉到個位數也不必意外，這樣加權要掉到哪裡，誰都無法預估。

　　當然這種情況不可能發生，因為我們有大有為的央行，會把外資套在台灣回不去；台灣也有很多游資，如果台積電這樣有本質的股票掉到基本價值之下太多，相信很多大戶也會爭相定存解約來搶購的，因此殺到面值以下就當作笑談即可。

　　我相信台灣的經濟能力，台股如果真的跌到見骨頭的地步，相信很多定存的本土資金會奪銀行的門挺身而出、在股市大量低接便宜貨，我對台灣本土的聰明資金倒是很有信心的！

　　今天三大法人共賣超64億，外資賣超45億……

■ 跌破季線　資金控管決勝負

　　季線已經跌破，鳥巢出現了，覆巢之下無完卵，要怎樣快速的抽回資金是現在的要務，誰抽回的資金多，誰就是將來的有錢人。

　　最近以壁虎為例子，一直強調資金控管的重要性，因為**股市贏家不在於看得多準、操作多神，而在於資金控管決勝負！看對的時候賺到爆，看錯的時候輸得少，如此持盈保泰，讓資金不斷大漲小回，走出多頭走勢，並且一直保持，才是贏家。**

這幾天，羅威只敢買9月的CALL，因為買CALL是最省錢的摸底方式，就算摸到大白鯊，頂多就是全部歸零，損失也不會很大。雖然連買了好幾天，總共投入的金額也不到全部資金的5%，賭的是6180不會破，如果破了，大格局轉為不利多方操作，就開始等待反彈的空點；如果6180守住，這些CALL也可帶來可觀的利潤，等過了轉強點(目前規劃是6256)，再找機會回到多方操作。

小賭怡情，對盤勢保持一點關注，等待方向確認，看懂了、看準了，再用力出擊！

嘿嘿，股市生存的兩個法寶，一是技術，一是資金，你練好了嗎？

註 三年後的今天看到這篇文章，真的有點汗顏，當時季線已經跌破，就會有覆巢現象，理應看空下空單才對，怎麼會去買CALL？當時可能是想下方6180會有支撐，跌破季線總會有個反彈，買CALL主要就是想搶反彈吧！這實在是很不應該的想法，如果有下空單怕反彈給軋空，用CALL鎖單還有點理由，但若是要搶反彈，空間也不大，放過就算了。

趨勢生命力

破了6180之後，怎麼辦？

2005/08/20

　　在羅威的方法中，長線的重要關卡6180終於破了！早盤我密切注視著6180的點位，當他跌破時，快速的按幾下滑鼠，手上的CALL全部出清，六折大拍賣！一下子賣光光，頓時神清氣爽。

　　有人虧損是高興的嗎？羅威就是如此！只要做自己規劃內的事，做到了就是100分，就算是停損也是很高興的！做錯的單停損出場，什麼煩惱都沒有了，不是很舒服嗎？

　　羅威買CALL純粹是基於6180的重要關卡，我認為可能會有支撐，會有反彈，所以用5%資金賭他一賭CALL，結果沒有賭對，那只好摸摸鼻子出場囉！

　　有人問我，早知道破月線20MA之後就下空單，大筆給它空下去！但我想，這裡有三次跌破月線，要空哪一次才是對的呢？如果破月線當時我放空，可能抱200點下來嗎？我想不會！因為可能被突然拉高停損掉了，也可能很早就回補了。不過現在看起來，這個破季線後沒有放它幾口空單還真是一個教訓，下回要記得。

　　但能保有大多數的資金，避開下跌，也已經很滿意了。

　　如今，長線的關鍵點位既然被跌破，後勢當然不是繼續看多，但是會大跌嗎？有個奇怪的現象，大盤雖然破了七月初的低點，可是三大指數，摩台、電子期、金融期卻都沒有破低！嘿嘿，這其中莫非藏著什麼玄機？

　　不管如何，加權這一破季線二破多頭浪最後低點6180，長線的大多頭格局也破壞了，上面的6300已經成為實質的大壓力，以後的大盤極有可能會走一段一、兩個月的下跌，短線上大約會先有個300點左右的橫向整理！這裡很不好操作，只能短進短出，如果你自認是短線高手，也許這是你的天下，你大可以和他一爭長短！

　　如果你的短線勝率在八成之下，羅威建議還是在旁邊模擬吆喝就可以了。請記住：**股市操作是一輩子的事業，保有你的學習資金，不要一下子就輸光了。**

　　季線是多空重要的分界點，這裡被擊穿，多空異位，往後只能看空，但作空也要等待反彈後比較好的時機再進場。

　　一派青山景色幽，前人田地後人收，

　　後人收得休歡喜，還有收人在後頭。

　　股市，收割自己能力範圍的利潤，其它的留給別人賺吧！

趨勢生命力

方向

克雷洛夫寓言：

梭子魚、蝦和天鵝出去把一輛小車從大路上拖下來，三個傢伙一起負起沈重的擔子。

他們用足狠勁，身上青筋根根暴露，但無論怎樣的拖呀、拉呀、推呀，小車還是在老地方，一碼也沒有移動。倒不是小車重得動不了，而是另有緣故：

天鵝使勁兒往上向天空直提，蝦一步步向後倒拖，梭子魚又朝著池塘拉去。

究竟哪個對、哪個錯，我不知道，我也不想追根究柢。

我只知道小車還是停在老地方。

股市的人用力的方向不一致，走勢就會搞得很糟糕。從分時K的均線看，長短均線飄來飄去，這些均線各代表長、短期人士的看法，力道不相同，大方向就不會出來，也就是盤整。不過以態勢看，畢竟這還是18日量價都往下的空頭格局，均線5MA把大盤壓著不讓它喘氣，空方操作較有勝算吧。

盤整有盤整的作法，不過那屬於短線和極短線的當沖，喜歡短線操作的人，方向做對的話會做得很快樂，賺錢的羅威替你高興，給予恭喜。

　　18日量價的趨勢很明確指出這是空頭格局，盤中反彈高點做空的勝算比較高，如何抓反彈高點，你就盡情發揮吧。多觀察、多模擬，賺錢是一輩子的事業，時時刻刻加強自己的實力，當時機到來的時候，你已經準備好了，那才是人生最快樂的事！

　　今天20MA和60MA也出現死亡交叉，兩條代表中、長期的均線往下走，這是空頭列車開動的汽笛聲，過站可就不留人囉！

　　不過說真的，跌了三百多點還真希望它會有一個反彈，因為反彈後會破低，那才是比較甜的波段吧！不過看量的表現，今日量縮，好像是彈不起來呢。

趨勢生命力

看得懂還是看不懂

2005/08/31

　　常常在版面上看到很多人堅定的喊多，或者堅定的喊空。說真的，任何時候都會有這樣的狀況，這是很正常的，因為大家用的方法不一樣，週期也不相同，所以方向不一樣，這都可以接受，只要能夠賺錢，都是好的！

　　思想產生信仰，信仰產生力量！羅威看均線看了十幾年，對18日量價和那種20MA、60MA雙均線往下所產生的力道，真的是敬畏有加，不敢拂逆！因為相信它，使我搭過很多次的順風車；因為相信它，也讓我避過很多次的災難。

　　股票走勢可分為：打底→上漲→盤頭→下跌→打底……，週期雖有長短，但這四個階段卻是不斷的重複，而且可以很清楚的在各個週期的均線和指標中看到！問題是，你相信他嗎？

　　行情雖然分為上漲、盤整、下跌三種，且一個長線的多頭會有很多多頭浪，一個長線的空頭也會有很多空頭浪，這些似乎都已經成了定式，但是追根究柢其實只有兩種：「看懂，看不懂」，看懂我們就進場搶錢，看不懂就休息，就這麼簡單。

　　面對5月中一整月份在5900～6000的整理區，跌到這裡將會碰到多頭強烈的抵抗，今天的十字變盤線有一定的支撐作用，守得住，也許會反彈，但也只是反彈而已，幅度不會很大。操作只有三種，作多、作空或者休息，看得懂就做(多空均可)，看不懂就休息。

　　颱風天，風雨吹得正兇，希望大家都能平安度過。

學習的四個途徑

2005/09/03

　　這是剛剛看到的文章，談到學習的四個途徑：

1. 透過閱讀學習——從書中汲取知識或去聽講座、專題。
2. 透過請教、模仿學習——當面去請教一位成功人士的成功之道，並仿效他的成功方法。
3. 透過思考、思索學習——遇到無法突破的問題，自己去思考，透過思索去找答案。
4. 透過實際操作，在錯誤中學習。

　　究竟哪一種學習最有效、最好呢？其實沒有一定的答案，應該視學習對象而定，但基本上，一種成功的學習，態度是一致的。

　　我喜歡最後那句話「**一種成功的學習，態度是一致的。**」

趨勢生命力

三個杯子，一個裝滿了水，一個裝了半杯水，另一個是空的。

請問哪一個杯子可以裝入最多的水？

只要有空，我都會到書局去找書來翻翻看，不限制是哪一類書，股市、文學、小說、小品、棋藝、雜誌……，都是一道道的佳餚，可以填補知識的空缺。

有時候看看書架上排得滿滿的書，想一下自己又翻過其中的幾本？頓時覺得自己好渺小。

學習是永無止境的！

股市叢林

2005/09/11

若看過「侏儸紀公園」，你一定對銀幕上的恐龍留下深刻的印象！恐龍是怎樣絕跡的？是進化的必然或是自然的偶然？誰也不知道，這謎留給科學家去猜！

股票世界，也好像是侏儸紀裡面的原始叢林，存在著不少大恐龍，任何人踏進來，面對的就是早就存在於股市的大鱷，是那些資金、技術、消息來源都有明顯優勢的敵人，在股市叢林中，每個人都只能自求多福！

■ 股市叢林　勝者為王

　　股市的規則是很不公平的！不公平的是：它不像棒球賽，有分年齡、有分業餘隊和職業隊；它不像拳擊、跆拳或舉重，依照體重分各個量級；沒有像圍棋賽一般，依照段數或級數有讓子的規定。

　　但股市的規則其實也很公平，它就如同K1的自由搏擊，不分高矮胖瘦、不分職業，大家通通混在一起，不分門派配對廝殺，勝者為王，敗者為寇！

　　進入股市，你必須深刻的了解，你處在一個完全競爭的自由市場，弱肉強食，優勝劣敗，自己找生路是生存的唯一規則。股市叢林沒有仁義道德，而是爾虞我詐，輸錢就要承認錯誤、痛加檢討！路雖然是人走出來的，但是進入股市的你，就一定要依照市場的走勢走，否則就會迷路並且發生危險。

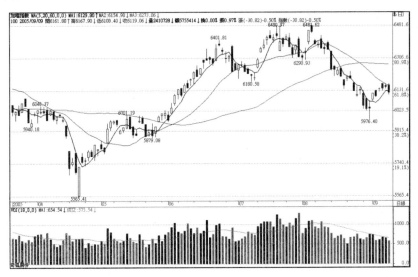

趨勢生命力

　　上月中破季線之後，羅威已經休息快一個月了！一個月中只做了四趟當沖，其他時間除了睡覺，就是準備上課資料。這個盤一時過不了6200，一時半刻要破6000的盤整區大鐵板也不容易，股市盤整，我們休息練功，真好！

　　這幾天，有幾位朋友來信問到盤勢的看法，羅威說，沒有大行情，沒有什麼看法，如果寫稿也只會寫「橫向整理」或「等待空點」這四個字而已！若要寫分析稿，真的不知道要如何寫……？

　　寫看漲嗎？第二天開高走低！

　　寫看跌嗎？隔天又給你來一巴掌！

　　要寫盤中進出嗎？空間這麼小，PO出買點之後，說不定賣點已經出現！

　　嘿嘿，怎樣寫都討不了便宜，線太短寫稿跟不上，那又何必自誤誤人，又把自己累得半死？

　　長線的走勢一出現就不容易改變，看法可以分享，也樂意分享，反正大家一起來；至於短線，我自己來就好了。空頭浪反彈不過前高，反彈找空點，眼看目前的位置，反彈到了缺口，也快到前波高，高點也差不多到了！

　　以下為該篇網友發言，講得很好，收錄於下：

大部分新手來到股市，可能很少會想到是跟哪些人在競爭，因為這些對手大都是看不到的；也有人認為自己學歷不錯，又是名校畢業，應該很容易就可以在股市賺大錢，實現人生夢想。

殊不知，股市賺錢與你的學歷沒有多大關係，而且通常愈有主

見、愈堅持自己看法的新手賠得更多！在股市的大環境中，每個人都是極其卑微的，卑微到完全沒有能力與大盤對抗。

初入股市的新手，若能把最初的三到五年作為草創期，以學技術為主，投入資金盡量少，以最少的錢，來學習股市的技術，技術學會了，心性修練好了，還怕沒有機會賺錢嗎？

有太多初學者賺了一點錢就以為自己是天縱英明，技術還沒學會就豪賭，不到三年就輸光出局，從此視股市為毒蛇猛獸，失去了在股市賺錢的機會，實在可惜。

 門道

2005/09/15

有一首童詩，是這樣寫的：

同學要到我家來玩
我用心畫了一張地圖給他
按照地圖上的
路名、店名、指標
左轉、右彎、直走
叮咚‧叮咚
同學很快找到我的家
爸爸去拜訪剛搬新家的叔叔
忘了跟叔叔要地圖
只抄了叔叔家的地址
路口、巷口、三叉口
停車、倒車、又開車
請問‧請問

趨勢生命力

好不容易才找到叔叔的家
爸爸說
雖然少了地圖
路在人的嘴巴裡
媽媽說
要是有張地圖
路就在你眼睛裡

股市的地圖，在你的眼睛裡？還是在你的嘴巴裡？都不是，他是在你的心裡！因為你「心中有譜」。

外行看熱鬧，內行看門道！你是在看熱鬧？還是在看門道？

一種遊戲，如果不懂門道，毫無樂趣可言。

懂了門道，就算沒有參與，也是一種享受。

　　股市的門道，就像已經畫好的地圖，按照地圖上的路名、店名、指標，左轉、右彎、直走，清清楚楚；股市的漲跌轉折間，也有很多門道，進入股市，不要看熱鬧，而是要看門道！

　　這張圖，你看出門道了嗎？

股市的客戶

2005/09/17

　　小時候媽媽替人做衣服，我每天看她踏著裁縫車縫縫補補，有一天，我也拿一塊布偷偷玩了起來，結果腳和手總是無法配合，不是腳踩得太快，不然就是手移動得太慢，踩出來的線歪歪斜斜的。現在這事還是每次都被媽媽拿來當笑話，說給孫子聽，今年中秋，一大堆孫子又會聽到大伯這樣出糗的老故事！

　　我有位朋友，週末都會去打高爾夫，他的球技並不是很好，但每次去打球都會找人賭上一賭，結果總是輸多贏少，是球場上有名的「客戶」！在賭桌上，客戶的意思是滷肉腳，專門來送錢的人，因此很多人都喜歡和他打球，有些球友還專程和他約時間，或者在球場等他來打球。

　　有一天他心血來潮，非假日也到球場，發現幾個經常和他打賭的球友也在那裡，一問之下才知道他們幾乎天天來練習！而我這位朋友呢？只有週末才會到球場，他才驚覺原來會輸給別人是有原因的，他是抱著玩票的心態，而別人卻是天天練習的專業態度，難怪他會成為別人眼中很好的「客戶」！

趨勢生命力

■ 談談盤勢

　　空頭浪反彈不過高總算跌了下來，反彈高點出現之後呢？就是等下跌破低囉，低在哪裡？就是5976，等破了再說吧！

■ 技術分析無法速成

　　一項技藝，絕對不是看別人做，或者讀幾本書、上幾堂課，就可以了解的。撞球的書籍看完了，你要親自上場打打看；游泳的書看完了，你要下水游游看！一定要自己不斷的練習，才會撞球，多嗆幾口水才會游泳；下棋也一樣，你必須照著棋譜勤打譜，反覆的打，直到可以覆盤為止！

　　股票的學問更是如此，書上看到的、網路上看到的、老師上課講到的方法，你必須找出過去的紀錄，反覆的看、反覆的考古，才能夠瞭解大概，才能夠知道每一種狀況出現，是不是會有不同的做

法？進而看出其中的門道，也才能在走勢出現相同情況時，加以運用。股票是金錢輸贏很大的遊戲，因此更要小心。

　　羅威說，你學完技術分析後，最少要花3000個小時去印證！隨便一檔股票從最開始的畫面，按著K線讓它一根一根的出現，一根根的看，看到最近的日期，過程中你要試著去解釋為什麼會跌？為什麼會漲？試著去猜後面會漲還是會跌？試著去想如果你進場，該在哪裡進場？哪裡出場？這裏是不是買點？是不是賣點？這樣看過最少20檔甚至上百檔股票後，並且能夠對後面的走勢猜個八成準，才算及格。

　　每一個招數，你至少都要找出100個類似的樣本來印證，走法是不是都一樣？如果不是，大概會出現哪些變形？有的時候這樣做是對的，為何有些時候這樣做卻是錯的？會漲的線型都一樣，但同樣的線型卻不一定漲，你要如何防範？嘿嘿，股市的功課很多呢，多到你做不完！

　　如果你花的時間夠久，你的心得愈多，體會愈深刻，這些時間是省不了的。你愈早作完3000小時的功課，將來就愈輕鬆，爾後可能一天只需要十分鐘或者五分鐘，甚至只要看一眼，就可以看出未來走勢，看出該在哪裡買賣了。

　　3000小時是多久？

　　如果你一天看10小時，需要300天；

　　如果你一天看5小時，需要600天；

　　如果你一天看1小時，需要3000天。

　　這還是最起碼的要求，股市投資是很辛苦的，如果沒有決心，早早退場會比較好，如果不做好這3000小時的基本功，你將來在股

趨勢生命力

市要付出的學費恐怕會很高。

你花的時間夠久嗎？想想看，為什麼前面那個打高爾夫球的朋友是別人的「客戶」？你想在股市被當「客戶」嗎？

股市雖然是一個Open Book的考場，但是如果沒有用功過，恐怕把書扔給你抄，你也不知道要抄哪裡！多一分準備，多一分把握，不是嗎？

時間還很漫長，繼續練功吧。

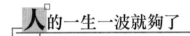的一生一波就夠了

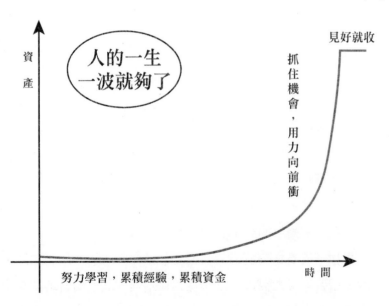

　　昨天，帶著愉快的心情去參加同學會。二十五年不見的同學，聚集在仁義潭水庫旁的明都大飯店，為的不是一頓豐盛的午餐，而是那分離多年的感情。一見面，發現有幾位的臉孔、體型都變了，已經認不出來了！全班四十五人，回來的有卅人，扣除幾位在天國的和出國的，參加的人數算是相當踴躍了。

　　導師黃崇嶽老師，已經72歲了還是健朗如昔，我股票啟蒙就是在讀書的時候，老師帶我們去一家號子參觀所留下來的印象。今天和老師談起，我說就是因為那一次的參觀，害我辛苦了廿年，惹得他笑哈哈！老師談起股市總是神采飛揚，有如幾年前和股癌的爹一般手舞足蹈，總是讓人神往。

　　席間，大家談過去、也談現在，有幾位事業經營得不錯，但是也有幾位沒有在事業高峰急流勇退，稍顯落寞！閒談下來得到一個結論，大部分事業有成的同學，都有一個共同的特色——**「逮住一個好機會，勇往直前！要發達，三、五年就夠了」**，而目前生活相當愜意的，也都是那些願意在事業高峰急流勇退的人。

　　股市也是一樣，長期的累積實力(資金、技術)，為的不就是希望能夠逮到一波大行情？

　　大行情啟動往上之前，那一段學習過程真的很難熬！特別是在股市中學了一套又一套的技術，卻一次又一次的失敗，常常會讓人懷疑，自己是否適合進入這個市場？

　　機會是留給有準備的人，技術及心性磨練好了，剩下的就是機會來臨！逮到一次大機會，就可能在短短兩、三年間創造一輩子的財富！也許，人的一生，真的只要一波大行情就夠了！

趨勢生命力

　　但是為了成就這波大行情，所要付出的也不同，前提是——不能還沒等到機會就被三振出局！能夠急流勇退的很少，那是賢達之人，更多人在還沒見到大浪之前，就被潮汐淹沒了！

　　一點感想，和大家分享。

跌得差不多了吧

2005/09/27

　　週日心血來潮打了一篇「人的一生一波就夠了　」，寫的是參加同學會的感想。當然以股市來說，我們不可能只做一波就退出市場，但是如果一個波段賣出後就休息，然後看他回檔，能夠這樣保住大部分的獲利，不也是喜悅的事嗎？

　　八月初賣的，現在買回來，先前賣五張，現在可以買六張、七張的比比皆是；如果做期貨6480，到昨天5900也差不多斷頭了！生機總在斷頭處，羅威說**股市是無情的，懂的人知道他要怎樣走，不懂的人只有看戲、凹單、等虧損的份，懂的人賺不懂的人的錢，天經地義**。跌了500點，跌到了5/25這波起漲的低點5879附近，你還希望他一直往下跌嗎？要跌之前也要有個反彈來增加他的破壞力吧！

　　許多朋友已經注意到很多指標都在低檔出現背離，上圖就是KD
背離的情況，日K線拉了兩根下影線，雙槌打釘，是有力的轉折K線
組合，只要明天不跌，就可站上最短的3MA轉折線上方；量也再度
縮到524億，量縮賣壓減輕，似乎有不少止跌的訊號出現了，等待
的只是一根紅K轉強而已。

　　羅威上週三已經在家族提出了「低點」的訊號，並且用CALL開
始慢慢摸底。用CALL摸底是最省錢的方式，因為投入的是很小比例
的資金，且最大的可能虧損(歸零)頂多就是你投入的金額，如果摸
對了就會有數倍的利潤，萬一錯了也可以停損出場，不至於完全歸
零。而底也不是亂摸的，總是要有點依據才行，勝率的高低是重要
的考量，只有在有勝算高時，才可以執行這樣的動作。

　　羅威的看法：5900附近應該是週線的第一個低點，將要做一個
反彈，幅度大約是跌幅的一半，反彈能否成立，要看是否不再破低

趨勢生命力

並且過5975高點；至於反彈能否持續進一步形成反轉？目前沒有足夠的證據，羅威不下定論，看一步走一步，慢慢跟著看就是了。

雖然有反彈的訊號，而且也買了CALL，但是醜話先說，萬一破今日低點5894，羅威會跑得比任何人都快。

至於股票，個人認為底部還沒出現，只能搶反彈而已。至於要選怎樣的股票？跌深股還是抗跌股？幾個情況你可以自己考量：

1. 跌深的，因為正在跌，何時止跌？買這種股票做的是——搶反彈。

2. 抗跌的，看似築底，但是將來也可能抗漲。

3. 正在漲的強勢股，可能是我個人的最愛，強者恆強，找回檔的買點買進。

不過，空頭中操作強勢股有不小的追高風險，進場就要先想好停損的出場點，免得受傷，至於哪種股票好？看個人的喜愛、個人的福氣囉！

高壓對龍王

2005/10/01

上篇羅威說：「跌得差不多了吧 」還好真的漲上來了，其實這個低點聚財網上有很多朋友都有做提示了，整個網站大部分方向都是對的，只看你相不相信而已。

羅威比較執著，我只相信K線圖上面給我的訊號。因為**股市是會說話的，只要你聽懂他的語言**。任何人都不可能時時刻刻告訴你看法，隨時隨地告訴你走勢，只有K線圖上可以隨時準確地告訴你，所以只要學好能夠準確的解讀他說的話就可以了。

你一定看過大人怎樣逗小BABY笑的，當你做一個有趣的動做，躺在嬰兒床上的小BABY就會笑，你每次做這動做他都會笑，這就是小嬰兒已經在和你溝通了，他了解了你的肢體語言，他用笑來回答。

那麼，你知道小孩子為何會哭呢？不是餓了就是尿布濕了，於是你會泡牛奶餵他或者替他換尿步。如果這兩個都不是，那說不定就是發燒了、病了！

和小嬰兒溝通都要如此費心，那股市呢，當然也要用心體會他的語言，要不，憑什麼要股市把錢給你？

九月底連續兩天的長紅，不管你認為是季底作帳行情也好，認為是阿扁回國的關係也好，還是XXX的原因也可，總之它漲上來了，你拿什麼理由來解釋都對，問題是，還沒有漲之前你看對了沒有？做對了沒有？賺到了沒有？錢進口袋才是真，不是嗎？

　　強烈颱風「龍王」侵台，氣象局希望大陸高壓能夠讓龍王颱風轉向。股市裡面這兩天的長紅猶如龍王颱風，颱得空頭昏頭轉向，抱頭鼠竄，高壓抗得了龍王嗎？

　　羅威的看法，這次的上漲有動能超越的強力背書，有指標底部背離作靠山，這龍王的威力非同小可，但高壓碰到會給予尊重，做個停頓或小回檔，是否為反彈高點要等待18日均線整備完畢，才能定奪，以往的經驗是雙十節前可以做多，接近雙十節你就得小心。

　　說真的，台股多數的籌碼都掌控在外資手上，要刮要殺都在別人的一念之間，空頭的時候，我等散戶只有練好閃躲的功夫，看準時機進場搶一段價差就該跑到牆邊偷笑了，所以買的多單先出掉一半。要看好等6207能夠過關再看6400不遲。

　　補充說明：高壓的位置就是空頭浪的前波高點。

龍王走了，剩下高壓

　　上篇說到「高壓對龍王」，也附了一張圖，圖中的兩條線就是壓力區，如果你認為這波是高鐵資金過關的行情，那麼龍王連噴兩根大長紅之後，這週開始碰到增資案的大反彈，「大陸」高壓帶，高鐵增資過關後各界的質疑，該是政府頭痛的時候了，如果如此，激情過後今天收個大量帶上影線的黑K，應該不會意外吧。

　　不過這樣連續三根沒有實體的十字K線讓人感覺很不安，所以尾盤把多單全出，並且反向下了空單，因為一直沒有過前一個高點，符合空頭浪反彈不過高的特性。反彈高點沒有過前波高點6186，下跌破了5894前波低點，這是空頭浪的標準走法，雖然還沒有看到正式轉弱的訊號，但每件事都需要一點勇氣去賭賭看，就賭它以後不會過高吧，萬一過高呢？那就得停損囉。

趨勢生命力

　　雖然我個人對謝長廷院長的魄力投贊成票，「與其讓高鐵倒，不如讓他跑」，與其差一口氣建不成，不如先把工程完成再來想辦法。

　　但我想，高鐵資金缺口的大問題不會因為這次勉強上壘而終止，相反的，對政府來說，可能正是惡夢的開始，口口聲聲說「政府不必出一毛錢」、「不會再向政府要一毛錢」的股董，以後是否仍然會回「娘家」再向政府要錢，誰也不知道。

　　這回包括航發會、中技社，投資都是保證兩年股息百分之九點七的特別股，是很高的股息，所以這段期間是穩賺不賠，但因為它是特別股，所以沒有董監的參與權，政府(包括國營事業)投資高鐵共504億，居然無法擁有高鐵的監督權利！嘿嘿，這就是高鐵妙的地方了。

　　殺頭生意有人做，賠錢生意沒人問。存在的一個疑問：如果高鐵可以賺錢，那麼鼻子敏感的原始股東為什麼不增資？為什麼王永慶要對高鐵投資說「NO」？高鐵的問題將會沒完沒了。在政府雷厲風行民營化的現在，反而大力支持高鐵，看在這些已經民營化，和將要民營化的國營事業員工心理，不知做何感想？

　　有個笑話說：

「台灣」高鐵在BOT案打贏「中華」高鐵。

「中華」航空發展會、「中華」科技研究院，增資「台灣」高鐵。

「大陸」工程建「台灣」高鐵的團隊。

　　中華、大陸、台灣之間的關係可真是微妙啊。

　　看倌，您認為呢？

　　盤勢，高壓出現了，將做一個回檔，有可能繼續走空頭浪的破低型態。最佳狀況是橫盤整理，指數的空間小，個股表現的空間大，高價股似乎意猶未盡，創新高的股票也昂頭上攻，這是考驗你選股能力的時刻了。

當皮膚科醫師當主力的時候

2005/10/15

　　在日常生活中，人們的普遍心理都喜歡買便宜貨，這個便宜貨並不是說像路邊攤那種便宜貨，而是百貨公司的精品服飾或是其他高檔貨，大家都會在拍賣前先看好，等到大打折再瘋狂的採購，當然我家也不例外。

　　前幾天有家百貨公司的化妝品大打折，太太和幾位姐姐也擠進人潮大肆購買，有兩位姐姐還刷爆了信用卡，看大家搶東西好像不用付錢似的，實在讓我嘆為觀止。

　　股市中也常常會出現打折的情況，有時候打折會讓你買到便宜貨，買了以後有高價可以賣，有時卻是讓你買到爛貨，買了以後有更低價，讓你懊惱，而這就是考驗你對趨勢的認知。通常在牛市時，打折回檔是好的買點，買了會有高價可以賣，這就是多頭回檔找買點；反之在熊市時，打折往往是回跌，買了低點還有低點，縱使反彈一下，很快又跌回來了。

　　所以，如果你老是喜歡買打折的商品，在股市的金融操作中往往是很壞的習慣，尤其是空頭時期！因此，空頭的回跌不能買，因為反彈的空間總是很小，沒什麼高價可以賣。

趨勢生命力

　　最近因為課程的進行，每週二、四都往台北跑，回到家都半夜了，隔天又是睡到自然醒，看盤和下單的時間相對減少，期間除了上月底摸底買了一些25～30點的CALL、在高壓帶附近賣掉之外，整個月的月報單都空空的，雖然買得不多，利潤卻比我兩個月的薪水還多，倒也真是意外。

　　我總是喜歡在空頭時期上課，因為多頭搶錢都來不及了，怎麼還會有時間？空頭沒行情的盤，上課練功最好，離盤勢遠一點，看得更清楚。**在盤勢不佳的時候保留資金，讓資金安全的等待另一波行情，比在市場上獲取短線的利潤更好。**

　　最近的盤勢，少了啟動多頭的訊號，老是在一個很小的區間5880～6180震盪，這是箱型盤整的常態，做這種盤的主力是一群皮膚科醫師，專治手癢，而且醫藥費很貴。我不知道你付了多少醫藥費？但願付出高昂的醫藥費之後，你手癢的毛病能夠治好。

盤勢分趨勢和盤整，趨勢操作者碰到盤整就頭痛，不過量價明顯對多方不利，18日量價的多空格局，在10/05曾經翻多一天，但是隨後並無法收上扣抵價，接著18日均價又往下，少了三日確定翻多的確認，空頭格局翻多不成，仍然是空方趨勢。這樣的盤，破5894低點也是早晚的事。

終於破底了

2005/10/17

週末才發文，說做這種盤的主力是一群皮膚科醫師，專治手癢，在一個很小的區間5880～6180震盪，這是常態……18日量價不利多方……，話還熱熱的，今天這群皮膚科醫師就敗下陣來，這下手癢變腳癢，被踹了下去，溼疹變香港腳，收了一個大長黑。

反彈高點沒有過前波高點6186，下跌破了5894前波低點，這是空頭浪的標準走法，不是嗎？

趨勢生命力

今天一位經常聯絡的朋友打電話給我，說：「羅兄，底部近了。」

我說：「你怎麼知道？」

他說：「今天這種盤勢恐慌性的下殺，和上回SARS一樣，你不是說破了5850反而是買點嗎？」

我說：「是啊！破5850反而是買點，不過我還不想買，等築底完了再說吧。我不是那種逢低買的人，我都是看到底部有點樣子才會想要買，要看到買點最少要等到上三日線再說，不是現在。」

對於一個使用不同操作方式的人，羅威真的很擔心良心的建議反而害了人，所以除非我瞭解你的操作方式，否則是不給任何建議的。

羅威已經把大部分的資金轉進NASDAQ，今日的下殺除了原有的空單外，並沒有參與落井下石的行動，所以只談談一些看法。

■ 破底莫急著接多單

以技術面看，今天才破5894低點，一根大長黑，今天敢買的不是特別勇敢，就是資金夠大夠深、小量分批承接(買了不怕他跌)的人。我們都知道一句古諺「不接空中掉下來的刀子」，那麼請問你有什麼理由在此時去接多單？

以均線看趨勢，有哪一條均線是往上的？

破底反而是買點，羅威的做法是，起碼要站上三日線，有了初步止跌的訊號，才有買進的理由。長線趨勢在空方，原本今日有機會上彎成為轉折訊號的三日線，今天都沒有守住，轉折沒有出現，要怎麼接多單？

　　底部近了嗎？是的，很多指標都有了這樣的訊號，已經有兩個低點了，現在破下來就是第三個低點囉！，但是下殺的過程還沒有結束，真正的低點尚未出現，這些訊號還沒有得到確認。記得羅威說的口訣：**訊號→確認→執行**，要進場了嗎？最起碼等紅K站上3MA，初步轉折確認了再說吧！

和尚買股票

2005/10/18

有一個故事是這樣說的：

有一家廟，香火相當旺盛，也累積了不少香油錢，這家廟的住持希望把這些錢拿去投資股票，於是就派了一位和尚去做這件事。

這位和尚雖然修行很深，但他除了唸佛外，哪懂得做股票！於是他去問那些善男信女關於做股票的事，這些善男信女說：「股市下跌了，我們賠得很慘，生活過得很痛苦。」

和尚驚訝的問：「怎麼會下跌呢？」

善男信女說：「因為大家都想賣啊，但都沒有人買，所以價錢就一直跌，跌成這樣了。」

和尚說：「原來是這樣！因為沒有人買所以會下跌，那我來買好了，我不下地獄誰下地獄呢？阿彌陀佛。」於是和尚毫不猶疑的全部買入。

過了幾年，廟裡的人又開始談論股票了，和尚好奇的問：「你們為什麼那樣高興啊？」

趨勢生命力

善男信女說：「我們追著買股票，現在股票漲了，追高都可以賣更高，我們賺錢了，賺了錢我們就很高興。」

和尚說：「喔，原來是這樣，買股票會讓你們很高興，我怎麼可以獨占大家的快樂呢？不如把股票賣掉，就當作是佈施快樂吧。」於是和尚把股票都賣了。

就這樣，不懂股票的和尚成了股票市場上的贏家。

朋友，這篇故事您看了有什麼感想？

我覺得是「無」，錢財對和尚來說並沒有用處，所以敢於下地獄；股票對於和尚來說也沒有用處，所以敢於佈施。

和尚的行為是無心，而有為；我們一般人卻是有心。當我們手中有了股票，心中就有了罣礙，因為我們對錢財的重視，心中就有賺賠、喜樂跟煩惱。和尚遠離市場不知漲跌，我們太貼近市場受漲跌之苦，反而操作不好。**如何修行以及運用智慧來超脫，達到超凡入聖的境界，也許是我們投資人該深思的吧！**

下跌搭電梯

　　梭哈的天才賭王大衛‧奇普‧瑞斯(David Chip Reese)說過一句話，至今我仍記憶猶新，他說：「你的命運操之在己，如果你的天賦、性格以及敬業的態度，都達到理想的標準，就沒有任何事能夠阻擋你爬上巔峰」、「如果你是最強的，你終究會坐上第一把交椅」。

　　最近的盤勢實在有夠差，上網的人數相對減少許多，有人快樂的躲在一旁數鈔票，但是我相信也有不少人被套住了，電得哇哇叫，乾脆躲起來眼不見為淨。一樣是躲起來，怎麼會是兩種極端狀況？大家在股市生存，為何會有這樣的天壤之別？原因無他，技術能力和執行力而已。

　　股市道場，技術的修練並不困難，但面對賺賠尤其是虧損的時候，能早在八月中跌破月線時，快刀斬亂麻賣出股票、跌破季線時，壯士斷腕的人有幾個？看這樣的大跌，你是否想過是技不如人？還是執行的心態不如人？想想看什麼才是賺賠的關鍵。

　　多頭：回檔找買點；空頭：反彈找空點。均線大空頭排列，三日均線，最低的轉折條件沒有紅K站上，都只有空點，不會有買點。空單續抱的人，我恭喜你，對於你的心態給予肯定；有多單被套牢的，該檢視一下你錯在哪裡？這要怪誰呢？羅威不是說教，只是你該檢討是技不如人，還是自己下單持單的心態不如人？

趨勢生命力

　　盤勢跌得猛烈，你要用任何理由來解釋都可以，問題是你閃過去了沒有？閃過下跌固然是樂事，但是在反彈後的反彈無力點作空，不是更樂嗎？

　　上漲爬樓梯，下跌搭電梯，您認為用來形容股市貼不貼切？

　　作空賺得快，其實無須訝異，空頭浪這種走勢本來就是股市的常態。

　　不過經過這幾天的重挫，本波跌破季線後已經是第45天的下跌了，以季線下跌的反彈點估算在40天之後，時間也差不多到了。本波上漲的起漲點5565已經快到了，低點應該也不遠了。還會再跌嗎？說真的，感覺是差不多了，但是我比較相信盤面給我的轉強訊號，而不是靠感覺。

坐得住的人才是了不起

2005/10/21

這種盤勢相當虛弱,昨日一根大量看來滿有機會的,但是今日一開盤,估量就少於昨日的量!以羅威動能超越的三條件判斷,沒有機會成立,於是二話不說,關掉電腦,搭車回老家看爸爸媽媽去。

昨日結束第一循環的課程,算算已經兩個月沒有回老家了,回家吃一碗老媽煮的芋頭米粉湯,也可以了結一段日子的思念。

我想,世界上任何人都無法抓住所有的大小波動,那麼,我只要抓住有把握的波動即可。不是嗎?

■ **盤勢**

趨勢生命力

　　最大的反應層級週K已經出現背離的徵兆，但是是否就此止住？恐怕未必！從量的觀點來看，昨日的量只是搶反彈的量，並不是多方攻擊的量，搶到了有價差就會賣出。「和尚買股票，是因為都沒有人買」，搶反彈的不少，就不容易見底。

人間好時節

2005/10/24

　　盤勢又是一天的膠著，嚴格的說，仍在空方格局裡面！早上開盤看了一下，又跑去睡覺了，怎麼說呢？短線整理，沒什麼好看的，幹嘛浪費時間盯盤！

　　睡到十點多被電話聲吵醒，不過我起來的時候電話聲也停了，一看是「未顯示電話號碼」，最近都流行電話詐騙，我對未留號碼的電話也不想接，但這一醒來睡意全消，就在這個時候看到一個空點5745，拿起電話小空了一下，設了10點5755的停損，5703回補，掛好單後就和太太看起電視「修女也瘋狂」，劇情正熱鬧的當兒，成交電話回報5703成交。

　　我跑到電腦前面看走勢，嗯，殺得好，也補得妙，更賺得愉快！

　　懂得股價跳動的規律、上下級互相影響的架構，出手便可以十拿九穩，不過這段學習和實戰經驗取得的過程，你必須付出相當的時間和心力，才能夠了解其中的奧妙。當你了解股價的漲、跌和盤整的奧妙後，股市就沒有你無法操作的盤，只看你要不要做而已。

　　股市絕對可能憑著一招半式來取得財富，問題是，你這一招半式可不是菜市場的一招半式，而是要經過你用心去比對、測試、磨練出來的招式，未經過苦功修練，僅憑聽過的招式就要現學現賣，你未必能夠用得上手，因為那是我傳給你的經驗，而不是你自己得到的，那方法和經驗還是我的法，再怎樣都還不是你的。

趨勢生命力

■ 股市下跌暗藏機會

很多人認為買股票就是要漲，難道股市下跌就不好嗎？有沒有想過，很多作空的人很喜歡股市下跌，因為作空可以賺錢；有沒有想過，很多空手或早就已經空手的人很喜歡股市下跌，因為下跌才有便宜貨好撿。

隨便舉出三種人，喜歡下跌的就比不喜歡下跌的人多，少數服從多數！你告訴我，為什麼股票一定要上漲才是對的？！

股市本來就有多空，你是要遵從市場的方向？還是要堅持自己的看法？

話說回來，大盤下跌也有上漲的股票，大盤上漲也有下跌的股票，股市很公平的提供了多、空兩個市場，喜歡作多的就去選還在漲的股票，喜歡作空的就去選正在跌的股票，中間並沒有矛盾，有供給有需求，股市不過是各取所需罷了，不是嗎？

春有百花秋有月，夏有涼風冬有雪，
若無閒事掛心頭，便是人間好時節。

春夏秋冬，各個季節都有讓人賞心悅目的事！股市雖有漲跌，但是敞開心境去看，不也是和四季循環一樣嗎？

睡覺，是因為我的週期都還沒有明顯的轉折訊號；

當沖，是剛好腦筋清醒看到的，運氣好而已。

說到技巧，羅威學技術十多年了，我一直在拋棄更多的東西，有用的方法並不需要很多，學了很多，要用的時候還是要想要用什

麼方法，專精少數幾種方式就可以了，專精並不比博學差，尤其在股市，專精比博學重要，更重要的是依法下單的心態。

　　操作的東西，尤其是操作技術，都是「一理通，萬理通」，一個方法精練了，到任何地方都可套用。因此你要找一個主軸，不斷的學習，把可以增加這個主軸效用的加進來，其他的了解後當知識即可，未必要使用。

　　當你進步到拿起一本書，會覺得他講得太淺太簡單，拿起另外一本書，也只會搖搖頭又放下，最後已經找不到可以讓你驚艷、適合你看的書的時候，就差不多表示你已經進入另外一個層級了。

　　當然不是說這時候你已經目中無人，只能說你的境界達到一個比較高的層次，這時候你會注意的反而不是技術分析的書，而是心理面的相關書籍，及其他關於心態的著作，相信我，這絕對是你將來會涉獵的題目。

趨勢生命力

2005/10/27

本篇是回覆網友有關「背離」的問題。

在一般的教科書中，常常可以看到指標背離的論述，**所謂的指標頭部背離，就是「股價創新高，指標沒有創新高。」**

關於頭部背離，有這樣一段被大家稱為「至理名言」的話：「當主力拉高出貨的時候，KD頭部背離無可避免地會出現，這是主力無法掩蓋的出貨痕跡，下空單必然大賺。」

正是這句斬釘截鐵的名言，而在實戰中，你也可以找到很多頭部背離後就開始大跌的例子。**找頭部背離的股票放空，這方法讓多少散戶奉為法寶，認為如果以此為依據，不賺翻了才怪！但真的是這樣嗎？**

羅威說，規則是死的，人是活的，圖是主力畫出來的，當你習慣一種方式，總會有碰到鬼的日子。如果你碰到的主力也是指標玩家，他也會利用這種方式來誘空，然後軋空，把空單軋得死去活來。

　　圖中2315神達就是這樣的一個例子。神達的主力莊家，在這段盤勢走空的過程中，以妄想用頭部背離這套技術來戰勝莊家的散戶為假想敵，在94年的飆漲行情，為這些人量身訂製了一套喪服，把頭部背離的信徒們殺得片甲不留，落荒而逃。

　　2315神達從93年的8月底部12元起漲，到94年3/28日的24元多，主力開始做出一個又一個頭部背離的型態，直到把這些散戶一個個釘死之後，才一路高歌地直衝50元。

　　看整個走勢圖，你當然無法了解其中的險惡，如果你把K線移到94年元月開始，一根根的K線往後移，你可能避開這樣的陷阱嗎？

　　羅威說，**沒有百分之百的方法，每一種方法總是會有例外**。以頭部背離來說，下跌是正常，上漲是例外，可是羅威還要說，如果你會防守這種例外，其實你可以利用這些例外賺大錢。

趨勢生命力

頭部背離會軋死使用指標的人，因為他只懂到前面「股價創新高，指標沒有創新高」這句話，所以只知道放空可以大賺，但是後面還有一個但書沒有學到，**這個但書告訴你作多可以大賺！**

對於一個指標玩家，一檔股票看一眼就知道漲真的還是漲假的，真突破還是假突破，真背離還是假背離。請記住：圖是死的，人是活的。

指標有趨勢指標和擺盪指標，均線就是趨勢指標，KD則是擺盪指標的一種，擺盪指標因為有0～100的極限值，所以碰到飆漲或暴跌時，會出現背離。如果上面神達的例子你用的是均線這種趨勢指標，在20MA和60MA組成的多頭軌道中，一路上來有沒有賣點呢？

KD其實是很好玩的東西，在下本書《轉折生命力》中，我再為大家探討一些KD的觀念，敬請期待。

■ 後續實戰篇

本篇之後到2006年6月3日的實戰部份，已在上一本書《活出股市生命力》中刊出，歡迎大家接續閱讀。相信讀後對這兩本書所提到的方法會有多一層的了解和體會才是。

最後祝福大家

　　　在未來的日子裡都能操作順利

　　　家庭愉快美滿

羅威新書

轉折生命力

金角銀邊操作學

預計出版日：2009年2月
聚財商城獨家銷售 別處買不到

股市的現象主要分趨勢和轉折兩種，先抓住趨勢才能在對的方向找轉折的買點和賣點，這是簡單的操作邏輯。只有在這樣的順勢邏輯之下，才能夠簡單有效的操作，也唯有如此，才有捷徑提高勝率和獲利率。

我將透過本書和大家探討下面的題目：

1. 什麼是金角銀邊？
2. 金角銀邊與道氏、艾略特、葛蘭碧的關係。
3. 多空判斷法則及多頭啟動三步驟。
4. 如何領先知道大盤可能上漲？
5. 多空的操作策略。
6. 下單理由、勝率、期望值。
7. 大金角和小金角。
8. 難纏的整理型態。
9. 轉折金角買進秘方。
10. 解開一個指標之謎。
N.……

　　有些題目在前兩本書已經和大家探討過了，但在本書你可以看到不同的深度和廣度；另外也有些新的課題，將會讓你用不同的角度來看股市。

　　兩條均線看趨勢，一個指標看轉折，指標是什麼？《轉折生命力》帶你深入了解它。

活出股市生命力
高勝算股票期貨趨勢操作法

聚財網叢書A013
隨書附贈聚財點數100點
作　者：賴宣名(羅威)
定　價：380元

用心感受股市的起伏
他會狂奔也會休息
他會讓你狂歡
也會讓你掉淚
他是有生命有活力的

本書的詳細資料　http://www.wearn.com/book/a013.asp

◎書籍簡介

　　股票買賣和做生意一樣，低買高賣然後中間賺一點價差而已。

　　要如何抓到股票起伏中的高低價差賺取差價？就技術面來說，對於高低波動的描述有趨勢和轉折兩種，轉折是短線切入的技巧，而趨勢裡面有很多個轉折，這是波段長線的功夫。看對趨勢，就算切入點差一些仍然有價差可賺，趨勢判斷錯誤，即使短線功夫再好也會累得半死。所謂「會賺錢的人不累，累的人不賺錢。」就是這個道理。

　　股市的分析有基本面和技術面，這兩者都有他們的擁護群眾，這兩種到底哪一個比較好？就散戶來說因為基本分析的最新資料取得不易，用的往往是過時的資訊，很難和擁有未來資訊的大股東抗衡，這是散戶先天條件上的劣勢。技術面的買賣點則比較簡單，因為它存在於K線圖中，只要用心就會有發現我認為「用基本面找體質好的股票，用技術面找好的買賣點。」應該是比較貼切的做法吧。

　　股價的波動都有一定的原理和原則，本書的技術篇中，我介紹兩種趨勢判斷的方法，一個是均線量價關係的多空格局，另一個是股價波動中的多頭浪和空頭浪，「鑑往知來」我想只要你熟習這兩樣功夫，對趨勢如何成立和如何中止，應會有深一層的了解，你的操作績效應該可以獲得改善的。 對大多數的投資人來說，股市已經是生活的一部分，在股市的波動中它不應該只是金錢的輸贏，如果你把它融入生活中，用心去感受，它應該是件很漂亮的藝術品，只有看透漲跌，才能讓股票操作在動靜之間，享受其活力所帶來的樂趣，將會讓你每日的看盤、操盤成為最喜愛和最快樂的工作。

　　股票價來自於股票的波動，有波動才會有價差，沒事多看圖，多看圖沒事；我也希望讀者能夠在字裡行間，體會出股市的起伏波動，他會狂奔、也會休息，他會讓你狂歡，也會讓你掉淚，他是有生命有活力的。

股市名師 **林玖龍** 著作

股票拋物線操作學

■ 假如劃一條曲線就能夠找出股票買賣的高低點，那不是很好嗎？~有！拋物線沒問題。

■ 股票技術分析K線、MA平均線、RSI相對強弱指標、MACD聚散指標、甘式角度線、應用與實務分析。

股票融資融券操作學

■ 台灣股市每年至少皆有上漲與下跌近2千~3千點的行情，若投資人研判正確，上漲時做多，融資買進，下跌時做空，融券賣出，雙向皆可為。

■ 當日沖銷、平盤以下可放空、鎖單、波段操作、作空比作多賺的快、實例分析印證。

量價破解

■ 股票技術指標是靜態的、被動的、落後的，而成交量是主動的、動態的、領先的。所謂「量是價的先行指標」、「量是因，價是果」、「量退潮，價退位」…量不量，大有關係喔！

■ 9:30分前預測大盤當日指數與個股當日高低買賣點，量價買賣六種變化與八種技巧大公開，為國內最完整談「量」的技術分析專書。

全民股市投資學

■ 觀念影響行動，行動支配操作，操作成為決策，投資的錯誤經常源自投資人觀念的混淆不清與誤會，避開錯誤思維，獲利必然預期。

■ 本書提供作者操作股市二十餘年經驗，近二百則股票技術與基本分析經驗，減少您研判錯誤的迷思，如魚得水，不可多得。

股市看盤操作學

■ 內行看門道，外行看熱鬧，如何透過看盤操作工具，正確的研判，掌握主力大戶進出動向及操作買賣時機，必能穩操勝算。

■ 本書提供開盤前、中、後，需要了解與掌握的資訊，並利用表格的填寫與數據變化比對分析、必能在股場上掌握贏的喜悅。

長海出版社 04-2224-0728

聚財網叢書

編號	書　名	作　者	聚財網帳號	定價
A001	八敗人生	吳德洋	鬼股子	380
A002	股市致勝策略	聚財網編	八位版主	280
A003	股市乾坤15戰法	劉建忠	司令操盤手	260
A004	主力控盤手法大曝光	吳德洋	鬼股子	280
A005	期股投機賺錢寶典	肖杰	小期	320
A006	台股多空避險操作聖經	黃博政	黃博政	250
A007	操盤手的指南針	董鍾祥	降魔	270
A008	小錢致富	劉建忠	司令操盤手	350
A009	投資路上酸甜苦辣	聚財網編	八位版主	290
A010	頭部與底部的秘密	邱一平	邱一平	250
A011	指標會說話	王陽生	龜爺	320
A012	窺視證券營業檯	小小掌櫃	小小掌櫃	280
A013	活出股市生命力	賴宣名	羅威	380
A014	股市戰神	劉建忠	司令操盤手	280
A015	股林秘笈線經	董鍾祥	降魔	260
A016	龍騰中國	鬼股子	鬼股子	380
A017	股市贏家策略	聚財網編	七位作家	320
A018	決戰中環	鬼股子	鬼股子	380
A019	楓的股市哲學	謝秀豐	楓	450
A020	期貨操作不靠內線	曾永政	有點笨的阿政	260
A021	致富懶人包	黃書楷	楚狂人	260
A022	飆股九步	劉建忠	司令操盤手	280
A023	投資唯心論	黃定國	黃定國	260
A024	漲跌停幕後的真相	鬼股子	鬼股子	280
A025	專業操盤人的致富密碼	華仔	華仔	360

聚財網叢書

編號	書　名	作　者	聚財網帳號	定價
A026	小散戶的股市生存之道	吳銘哲	多空無極	300
A027	投資致富50訣	陳嘉進	沉靜	330
A028	選擇權3招36式	劉建忠	司令操盤手	300
A029	談指神功	nincys	nincys	300
A030	一個散戶的成長	蔡燿光	evacarry	300
A031	世紀大作手	鬼股子	鬼股子	250
A032	股票基金雙聖杯	劉建忠	司令操盤手	260
A033	用心致富	張凱文	小巴菲特	260
A034	趨勢生命力	賴宣名	羅威	380

名家系列

編號	書　名	作　者	聚財網帳號	定價
B001	交易員的靈魂	黃國華	黃國華	600
B002	股市易經峰谷循環	黃恆堉	峰谷大師	260
B003	獵豹財務長投資魔法書	郭恭克	郭恭克	560
B004	坐擁金礦	王俊超	王俊超	380
B005	台北金融物語	黃國華	黃國華	350
B006	台北金融物語二部曲	黃國華	黃國華	370

聚財資訊出版　　相關資料請至聚財網查詢　http://www.wearn.com/book/

國家圖書館出版品預行編目資料

趨勢生命力：掌握大趨勢才有高勝算 / 賴宣名
著. -- 初版. -- 臺北縣板橋市：聚財資訊,
2008.11
　　面；　公分. --（聚財網叢書；A034）

　ISBN　978-986-84707-0-5（平裝）
　1.股票投資　2.投資分析　3.投資技術

563.53　　　　　　　　　　　　　97018315

聚財網叢書 A034

趨勢生命力：掌握大趨勢才有高勝算

作　　者　賴宣名
總 編 輯　莊鳳玉
編　　校　高怡卿・周虹安
設　　計　陳媚鈴
攝　　影　藍竑為

發 行 人　陳志維
出 版 者　聚財資訊股份有限公司
地　　址　22046 台北縣板橋市文化路二段327號4樓
電　　話　(02) 2252-3899
傳　　真　(02) 2252-5025

軟　　體　奇狐勝券分析系統

法律顧問　萬業法律事務所　湯明亮 律師

總 經 銷　農學股份有限公司
地　　址　231 台北縣新店市寶橋路235巷6弄6號2樓
電　　話　(02) 2917-8022
傳　　真　(02) 2915-6275
訂書專線　(02) 2917-8022

ISBN-13　978-986-84707-0-5
版　　次　2008年11月 初版一刷
定　　價　380 元

聚 財 點 數 1 0 0 點

編號： J19331

開啓碼： BNGa8VtF9xZj

開啓聚財點數說明及使用方式
請至 http://www.wearn.com/open/

聚財網 wearn.com
客服專線 02-22523899
聚財資訊股份有限公司